3·1운동의 얼
유관순

3·1운동의 얼 유관순

| 이정은 지음 |

머리말

『유관순 – 불꽃같은 삶, 영원한 빛』을 쓴 지 6년이 지났다. 유관순의 생애에 대해 해방 이후 처음으로 실낱같은 작은 한 줄의 글까지 찾아 실증적으로 정리해 내었다. 당초 몇 개월 예정의 작업이 2년이나 걸렸다.

그후 유관순 열사를 주제로 많은 강연을 했고, 국내외 인사들을 위하여 답사 안내도 많이 했다. 그러는 내내 한 가지 의문이 떠나지 않았다.

'유관순, 우리나라에서 가장 유명한 역사적 여성. 그런데 그녀는 단지 거대한 일본 제국주의의 호수에 던져진 작은 돌 하나에 불과했는가? 열사는 감옥에서 숨졌고, 꿈에 그리던 독립은 그녀의 죽음 이후로도 25년을 더 기다려서야 왔다. 그녀의 외침은 외롭고 헛되이 감옥 높은 담장 안에 갇혀 맴돌다 사라져간 허무한 외침이었는가?' 하는 것이었다. 그녀를 위한 높은 전각과 성대한 추모식도 이것이 해결되지 않은 상태에서는 공허한 메아리만 남는 것 같았다.

유관순 열사의 순국 90주년 되는 올해 우리는 유관순의 무엇을, 어떻게 기억할 것인가?

전세계 195개국 중 95%에 이르는 나라들이 약 200년 전후에 독립 또는 혁명적 정체변화에 의해 새로운 나라가 되었다. 여기에는 두 개의 결정적 계기가 있었다. 첫째는 1776년 미국의 독립이다. 이를 계기로 중남미 20개국이 독립하였다. 1816년의 아르헨티나에서 1902년 쿠바 독립까지가 그것이었다. 이 단계는 백인 모국으로부터 식민지의 백인 지배층이 독립을 한 것이다. 식민지하 약소국의 독립과는 성격이 다른 것이었다.

둘째는 제1차 세계대전이었다. 이 시기에 3·1운동이 일어났다. 피압박민족으로서 자유와 독립을 외치면서 3·1운동은 일본 제국주의의 무력적 탄압 앞에서 두 달여의 투쟁을 마감할 수밖에 없었다. 하지만 3·1운동이 보여 주었던 20세기 전반 인류의 낡은 가치들, 즉 탐욕, 독점, 침략, 무력, 강압과 공포의 정치, 수직적·일원적·일방적 질서에 정면으로 대척점에 서서 새로운 문명을 지향하는 것이었다. 새로운 시대와 인류적 가치들, 즉 침략에 대해 독립, 폭력에 대해 비폭력, 강압과 공포에 대해 자유와 해방, 일방적·일원적·수직적 질서에 대해 수평적·다원적·자발적 협력의 새로운 가치들 말이다. 3·1운동과 유관순은 그것을 몸으로 보여 주었다.

제1차 세계대전 후 '독립'이라는 화두를 들고 나선 3·1운동이 세상을 바꾸었다. 3·1운동은 당시에 세계에 잘 알려지지 않은 약소민족의 독립운동이었다. 당시에 그 운동이 크게 반향을 보인 것 같지 않아 보였을지라도 세계는 그런 방향으로 나아가 약소국들의 독립선언이 나타나기 시작했고, 실제로 제1차 세계대전과 더불어 시작되어, 제2차 세계대전을 거치면서 더욱 가속화되어 한국을 비롯한 47개국이 독립했다. 1950년대 한국전쟁 이후 동서냉전이 격화되면서 이 흐름은 더욱 가속화되어 90개국이 독립했고, 구소련 해체 이후 29개국이 더 독립했다. 온 지구상에 '독립의 꽃'이 만발하게 된 것이다.

유관순은 비록 체계적인 사상을 글로 남기지 않았지만, 그녀가 참여한 3·1운동과 그녀의 삶과 죽음을 통해 새로운 사유와 새로운 행동의 모형을 제시하였다.

2000년대가 오기 전까지 3·1운동의 수평적·다원적·자발적인 협동이 갖고 있는 의미와 가치가 눈에 크게 들어오지 않았다. 그러나 2000년대에 정보화시대로 전입하면서 세계는 한 사람의 뛰어난 영도자와 강력한 권위적 체제에 의한 수직적·일원적·일방적 체제가 가진 효율성의 중요성이 감퇴되었고, 집단지성의 작품인 위키백과사전에서 보는 바와 같이 수평적·다원적·자발적인 협동과 연대의 가치가 부각되기 시작하였다. 세계적으로 주목받는 구글·애플 등과 같은 기업들은 기존의 수직적·일원적·일방적 회사 시스템을 깨부수어 수평적·다원적·자발적인 시스템으로 만들어 산업계를 재편하고 있다.

3·1운동을 90여 년을 지난 시점에서 볼 때 유관순 열사는 단지 독립 만세운동의 한 주역이었을 뿐 아니라, 새로운 시대의 새로운 사유와 행동양식의 실천가 중 하나였다.

서양에서 제1차 세계대전을 경험한 세대를 '잃어버린 세대the lost generations'라고 한다. 서구 열강의 탐욕과 자만과 폭력성이 빚어낸 제1차 세계대전의 충격에서 헤어날 수 없었기 때문이었다. 반면, 그 시기 한국에는 '찾은 세대the found generations'가 있었다. 바로 유관순과 같은 젊은이들이었다. 그들은 3·1운동을 통하여 '일본민족이 아닌 조선민족'이기를 택했다. 식민지 우민정책하에서 자랐으나 목적을 이루기 위해 남의 민족의 힘에 의탁하거나 지도자에게 미루지 않고 미력하지만 3·1운동을 통하여 스스로 주체가 되어 세상을 변화시키는 경험을 하였다. 그들은 계몽을 통해 '교육된 근대인'이 아니라, 체험을 통해 '주체적 근대인'으로 새롭게 태어났다. 이들이 있었기에 19세기 후반 내내 방향을 잡지 못했던 한국이 비로소 가야 할 방향을 바로잡게 되었다. 그 길은 의존적·예속적 근대화의 길이 아니라 자존적·민족주의적 독립의 길이었으며, 영웅대망英雄待望의 전근대적 길이 아니라, 스스로 공동체에 책임을 느끼는 민주적 시민사회의 길이었다. 또한 그들은 일국사—國史 안에 갇히지 않고 세계사적 보편주의, 즉 자유·해방·정의·인도·인류평화를 지향했다. 위대한 세대의 탄생이었다.

그 이후의 시대는 반제국주의 투쟁의 전선에서 만주벌판의 무장 독립군으로, 사회주의적 혁명의 열정가로, 총포를 들고 적진으로 몸을 던지는 의열투쟁가로, 민족과 국경을 넘나드는 국제혁명가로, 폭력없는 새로운 시대를 꿈꾸는 아나키스트로, 도시와 농촌, 산업현장에서 청년운동가, 노동운동가, 농민운동가, 문화운동가로 새로운 시대를 향한 멈추지 않는 발자국을 역사에 남기게 되었다.

유관순 열사는 바로 새로운 세대의 탄생을 알리는 상징이요 신호였다. 우리가 유관순 열사를 기억해야 하는 의미가 여기에도 있다.

2010년 9월

이 정 은

1
서대문감옥에서

유관순·조인원·유중무 등 병천 시위운동 주도자들은 공주감옥에서 서울 서대문감옥으로 이송되었다. 햇볕 하나 들지 않는 감방의 문이 덜 컹하고 닫히자 다시 숨이 턱 막혀 오는 듯했다. 시위사태로 인해 미결감 에도 수감자들이 넘쳐났다.

1919년 당시 충청남도의 경우 재판 관할구역이 제1심은 공주지방법 원, 제2심은 서울복심법원이었다. 따라서 유관순은 제2심 재판을 받는 동안 미결수로서 서대문감옥에 수감되었다.

1908년 3월 법률 제28호로 공포된 조선총독부의 「감옥법」을 보면 감옥에는 네 종류가 있었다. 형을 받아 강제노역을 하는 사람은 징역감, 강제노역을 하지 않고 감옥 안에 갇히는 사람은 금고감, 구류 처분을 받 은 사람은 구류감, 형사 피고인이나 사형언도를 받은 자들은 구치감에 수감되었다. 또한 구치감에는 징역, 금고 또는 구류 처분을 받은 사람을 일시 구금할 수 있었으며, 경찰관서 유치장은 감옥의 대용으로 사용할 수 있으나, 징역 또는 금고에 처한 사람은 1개월 이상 계속 유치장에 구

| 서대문감옥

금할 수 없었다. 「조선감옥령」 제3조에는 태형을 받을 자도 구치할 수 있다고 규정되어 있었다.

재판날이 되면 오동마차에 실려 정동에 있는 법원으로 호송되었다. 법원은 유관순이 다니던 이화학당과 정동교회 가까이에 있었다. 자동차가 그 근처에서 속력을 줄일 때마다 유관순은 법정에서 일본인들과 싸워야 한다는 긴장감을 이화동산에서의 따사로운 기억들로 지우려고 애썼다.

유관순과 조인원·유중무 등이 공주재판소에서 받은 5년형은 대단한

중형이었다. 이는 손병희 등 민족대표 33인이 받은 형량이 최고 3년이었던 것을 보아도 알 수 있다. 시위대가 인명을 살상하지 않은 시위에서 5년씩 언도받은 예가 다른 곳에서는 없었다. 이 사실은 유관순과 조인원·유중무 등이 공주지방법원에서 얼마나 치열하게 법정투쟁을 벌였는지 짐작할 수 있는 대목이다. 특히 어린 여학생 유관순이 동네 어른 조인원과 숙부 유중무와 함께 중형을 받았다는 것은 유관순이 아우내 시위운동에서 얼마나 큰 역할을 하였고, 일본 검사와 판사의 위세에 굴하지 않고 얼마나 당당하게 독립의 당위성을 주장하였는가를 말해준다. 이들은 공주지방법원의 판결에 불복해 복심법원에 항고하였다.

법정투쟁   형사부 재판장 쓰카하라 도모타로塚原友太 판사의 심리로 진행된 경성복심법원 재판에서 아우내의 독립지사들은 비록 형사 피의자의 신분이었지만 조금도 굽힘 없이 당당하게 싸웠다. 유관순은 만세운동 당시를 다음과 같이 말했다.

> 병천시장에서 만세를 부르고 있을 때 헌병주재소와는 약 5보 거리였는데 헌병이 쫓아와 군중을 향하여 발포하고 총검을 휘둘러 즉사 19명, 중상자 30여 명을 내었고, 우리 부친도 살해되었는데 헌병이 군중에게 발포하려고 총을 겨누었을 때 나는 쌍방을 제지하기 위해 헌병의 총에 달려들었다.

아버지를 포함해 19명이 현장에서 살해되었고, 30여 명이 중상을 입고 피를 흘리고 있는 긴박하고 처절한 상황에서 더 이상의 유혈을 방지하기 위해 발포하려는 헌병의 총구 앞으로 달려들어 몸으로 막았다는 것이다. 유관순이 얼마나 깊은 인간애와 진정한 용기를 가진 소녀였는지를 알 수 있다.

경성복심법원 판결문의 판결 이유 부분은 다음과 같이 시작된다.

제1. 피고 유관순은 재경성在京城 이화학당 생도인 바 대정 8년(1919) 3월 1일 경성에서 손병희 등이 조선독립선언을 발표하고 단체를 만들어 조선독립만세를 외치며 각처를 행진하며 독립시위운동을 벌이고 있음을 보고 같은 달 13일 귀향하여 4월 1일 충청남도 천안군 갈전면 병천 장날을

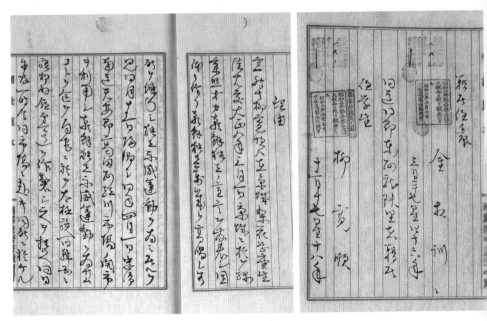

| 유관순 복심법원 판결문

이용하여 조선독립시위운동을 전개할 것을 꾀하고 자택에서 태극기(구
한국 국기 압수 영 제1호)를 만들어 이를 휴대하고 같은 날 오후 1시경 병
천시장으로 나아가 그곳에서 수천 명의 군중 단체에 참가하여 전시 태극
기를 휘두르며 조선독립만세를 외치고 독립시위운동을 감행하여 치안을
방해하였고…….

당시 조인원은 56세, 숙부 유중무는 45세였으나 17세 소녀 유관순에
대한 사항이 제1항으로 판결문에 언급되고 있다.

판결문은 다시 유관순이 유중무·조인원·김용이·조병호와 더불어
아버지 유중권의 시신을 떠메고 헌병주재소로 몰려가 항의할 때 군중의
선두에 섰다는 점을 명시했다. 원심 공판시말서에 언급된 태극기를 자

신이 직접 만들었다는 유관순의 진술과 경성복심법원에서 유관순이 한 진술도 언급하였다.

"제 나라를 되찾으려고 정당한 일을 했는데 어째서 군기를 사용하여 내 민족을 죽이느냐."

1919년 6월 30일 경성복심법원 형사부 재판장 조선총독부 판사 쓰카하라 도모타로는 공주지방법원이 유관순을 비롯하여 조인원·김상훈·유중무·김용이·조병호·백정운·신씨·조만형·박만석·박봉래에게 내렸던 판결이 과중한 징벌이라며, 유관순 등이 제기한 공소에 타당성을 인정하는 판결을 하였다. 이는 항소한 3·1운동 시위사건들에 대해 거의 기각했던 것과 다른 매우 이례적인 결정이었다.

따라서 피고 조인원·유관순·유중무를 징역 3년에 처하고 김용이·조병호 징역 2년 6개월, 김상훈·백정운을 징역 1년 6개월, 조만형·박만석을 징역 8월에 처하는 선고를 내렸다. 공주지방재판소에서 받은 5년형이 3년형으로 줄어든 것이다. 함께 공소를 제기했던 박봉래는 기각되어 원심 형량이 확정되었다.

무죄로 풀려난 수신면 복다회리의 신씨는 67세의 할머니였다. 신씨는 공주감옥 여자감방에 수감되어 있을 때부터 유관순에게 시시때때로 욕지거리를 퍼부었다.

"조년이 너무 잘난 체하다가 제 부모 잡아먹고 머리가 허옇게 시어가는 나까지 감옥 귀신을 만들었단 말이야. 조년 하나 때문에 몇 고을이 쑥대밭이 되고 몇 십 명이 총칼에 목숨을 잃고……. 아이고 요년! 아이고 요년!"

유관순은 제 부모를 잡아먹었다는 모진 말을 들을 때마다 마음이 찢어지는 듯 아팠다. 한날 한시에 처참하게 부모를 잃었고, 오열할 겨를도 없이 오빠와 자신은 감옥에 들어와 있으며, 남은 동생들은 죽었는지 살았는지 조차 모르는 유관순에게 신씨 할머니의 저주 같은 원망은 영혼을 갈기갈기 찢는 것이었다.

6월 30일 복심법원 판결로 형이 확정될 때까지 유관순은 3개월 동안 힘든 미결상태를 버텨냈다. 6월의 태양은 뜨겁게 달아오르기 시작했고, 미결수 감옥 안은 땀과 오물 냄새가 진동했다. 간수들은 미결수들을 짐승같이 취급하며 갖은 횡포를 부렸다.

조인원·유중무를 비롯한 김상훈·김용이·조병호·백정운·조만형·박제석·박봉래 등 갈전면과 동면 지령리 계통의 인사들은 최종심인 고등법원에 상고하였다. 당시는 고등법원이 최종심이었다. 이때 아우내시위에 합류했던 수신면과 성남면의 주도자 김교선·한동규·이백하·김상철·이순구 등도 고등법원에 상고하였다. 이들은 제2심에서 제1심과 같은 형량을 선고받았다. 이들은 최종심인 고등법원에 똑같은 상고 이유서를 제출하며 한목소리를 냈다.

"조선민족으로서 정의와 인도에 기초하여 의사를 표명하였는데, 이를 범죄로 보고 제1심과 제2심에서 유죄판결을 내린 것은 부당하기 때문에 복종할 수 없다."

"최후의 일인, 최후의 일각까지 민족의 정당한 의사를 쾌히 발표하라."

그들은 독립선언서 공약 3장 제2항의 방침에 따라 끝까지 법정투쟁

氏　名		年　齡		年　月　日生	指　紋　番　號
		身　長	尺　寸　分		
		特　徵			

本籍	出生地	住所	身分	罪名	受刑事項					
				刑名	刑期	言渡年月日	刑ノ始期	言渡裁判所	執行監獄	出獄年月日及其事由
			職業	前科	備　考					
										滿期
										假出獄

유중무 수형자 기록표(앞, 뒤)

을 전개하였다. 하지만 1919년 9월 11일 이들의 상고는 기각되었다.

유관순은 고등법원 상고를 포기했다. 상고를 하지 않은 사람은 유관순뿐이었다. 숙부 유중권과 조인원 아저씨도 같이 상고하자고 권유하고 설득하고 타일렀다.

"얘, 우리가 꼭 죄를 벗자고 하는 일은 아니다. 저놈들 판결을 승복해야 하느냐 하는 문제야. 끝까지 싸워야지. 법정 싸움도 독립운동의 하나야."

그러나 유관순은 고개를 저었다. 유관순은 단호하게 이렇게 말했다.

"삼천리강산이 어디면 감옥이 아니겠습니까?"

구치감에서 징역수 감방으로 | 서대문감옥의 구치감에서 재판소로 오면 새장 같은 유치장에 하루종일 서서 심문을 기다려야 했다. 6월인데다 좁아서 유치장 안은 더웠고, 목이 말랐다. 오랜 대기 끝에 차례가 되면 정리廷吏가 와서 '용수'를 벗기고 법정으로 데려갔다. 용수는 짚을 엮어 눈만 내놓게 만든 모자로, 피의자의 얼굴을 가리기 위해 사용되었다.

유관순이 이렇게 재판정에서 심문을 기다리고 있을 때 이화학당 박인덕 선생을 만났다. 박인덕도 3월 10일 경찰에 붙들려 와서 재판정에서 대기하고 있던 중이었다. 박인덕은 그때 만난 유관순에 대해 자서전에서 다음과 같이 언급하였다.

한번은 재판정에서 기다리고 있는데, 전에 학생이었던 유관순을 만났다. 유관순은 재판을 기다리고 있었다. 열여섯 살밖에 안 된 그 아이는 독립운동이 일어나고 난 뒤 학교를 나와 남한의 고향으로 내려갔다. 그 아이는 고향 마을 사람들과 주변 지역 사람들을 분기시키고, 태극기를 만들었으며, 장날 시위운동을 조직했다. 그 아이는 독립운동을 하자는 전갈을 전하기 위해 몇 십리 길 걷는 것을 마다하지 않았다. 그 아이의 아버지, 어머니, 오빠도 다른 많은 사람들과 함께 독립운동을 하다 일본인의 총에 맞았다. 결국 그 아이는 체포되었다. 그녀는 많은 고문을 당하고, 7년형(5년형의 착오임 : 필자)을 받아 투옥되었다. 그 아이는 상급심에 항고하였기 때문에 서대문감옥에 이감되었다. 나는 내 마음에서 큰 감동을 받아 이 어린 아이를 위해 무엇인가 해주고 싶었으나, 도와줄 방법이 없었다. 나는 지금도 그 아이가 처했던 곤경을 생각하면 마음 깊이 어떤 가책을 느낀다.

박인덕의 이야기를 통해 다시 한 번 유관순이 아우내 장터의 시위운동을 일으키기 위해 수십 리 길을 마다하지 않고 연락하며 시위운동을 조직화하는 데 중요한 역할을 했다는 점을 알 수 있다. 일부에서 생각하듯 유관순을 영웅화하기 위해 과장되거나 꾸며낸 이야기가 아닌 것이다. 다만 유관순의 형량은 7년이 아니라 5년이다.

판결을 받은 지 4개월이 지난 1919년 11월 6~11일 유관순이 서울에서 다녔던 서울 정동 제일예배당에서 기독교 미감리회 조선연회가 개최되었다. 3·1운동의 폭풍이 지나가고 난 뒤 갖게 된 이 연회 자리에서 독립운동과 관련되어 감옥에 갇힌 인원에 대한 조사위원 김종우金鍾宇 목사의 보고가 있었다.

약 1년 뒤 유관순의 장례식을 집전하게 되는 김종우 목사는 천안에는 유급 교역자 5명이 수감되어 있고, 그에 딸린 가족이 4명 있으며, 교인도 3명이 수감되어 있고, 재감자 가족으로 17명이 있다고 보고했다. 이 보고를 받은 감리교 교단은 유급 교역자에 대해 매달 20원圓, 기타 수감자에 대해 매월 5원의 구제금을 지급하기로 결정했다.

여기에서 언급된 3명은 조인원·유중무·유관순일 것으로 생각된다.

형이 확정되어 유관순이 서대문감옥에 돌아오자 접수계가 수형자 기록표 작성을 위해 유관순을 감옥 안 마당에 세워놓고 사진을 찍고 키를 쟀다. 그러고는 법원에서 넘어온 서류를 보며 마디 굵은 손으로 펜대를 꽉 쥐고 잉크를 꾹 찍어 수형자 기록표 앞면에 다음과 같이 휘갈겨 썼다.

지문번호   No. 87767-28768
연령   명치明治 35년 12월 17일생
신장   5척尺 6촌寸
이름   유관순

지금도 남아 있는 그 기록표에는 붉은 벽돌 벽과 쇠창살을 등지고 병색이 완연하고 부은 유관순의 정면과 오른쪽 옆모습 사진이 붙어있

유관순 수형자 기록표(앞, 뒤)

다. 옷은 붉은 색 누비 죄수복을 오른쪽으로 여미어 입고, 허리에는 일본 기모노같이 천으로 띠를 둘렀다. 왼쪽 옷깃에는 폭 5cm 가량, 길이 15~16cm가량의 흰 천에 한문으로 '유관순'이라 쓴 이름표를 기워 붙였다. 소녀의 자세는 마치 암사자같이 당당하며 이글거리는 눈빛은 결코 불의 앞에 굴복하지 않는, 정복당하지 않는 정신을 나타낸다.

유관순의 키는 169.7cm였다. 조선총독부 관보 제3226호(1923년 5월 15일)에 나와 있는 조선인 고등보통학교 여학생 38명의 평균키는 150cm였다.

접수계는 기록표 앞면의 칸을 다 메운 후 기록표를 뒤집어 뒷면에 또 적어 넣기 시작했다.

본적	충청남도 천안군 동면 용두리
출생지	"
주소	"
신분	평민
직업	정동여자고등보통학교 생도
죄명	보안법 위반 및 소요
전과	초범
형명	징역
형기	3년
언도연월일	1919(대정 8년) 7월 4일
형의 시기	"

언도재판소	경성복심법원
집행감옥	서대문감옥
출옥연월일 및 사유	1921(대정 10년) 1월 2일
비고	주소지 천안군 동면 용두리 118 종형 유경석柳京錫 방

이화여자고등보통학교가 정동에 있기 때문에 정동여자고등보통학교 생도로 되어 있다. 또 고아가 된 유관순에게 연락할 가족이 없었기 때문에 감옥에 있는 숙부 유중무의 장남 유경석의 주소가 그녀의 연락처로 기록되어 있다. 출옥연월일 및 사유의 '1921년 1월 2일'은 아마도 형 확정 후 10개월 정도 지났을 때 적어 넣었을 것이다. 출옥일이 언도일 1년 6개월 뒤인데, 이는 일제가 1920년 4월 영친왕과 이방자의 결혼을 기념하여 한국인 재소자들의 형기를 1/2로 감형했기 때문으로 보인다.

서대문감옥에서 수감생활 | 서대문감옥은 500명이 정원이었다. 하지만 3·1운동 후 손병희를 비롯한 민족대표들이 수감되고, 그 후 시위운동으로 붙잡혀 온 많은 사람들이 수용되어 기결수·미결수를 합해 3000명이 넘었다.

3·1운동이 진행되던 약 한 달 이상 동안 독립운동자들은 서대문감옥 뒷산, 감옥 앞 인왕산 등 높은 곳에 올라 낮에는 태극기를 흔들고 밤에는 봉화를 올려 서대문감옥에 수감되어 있는 독립운동가들을 격려하고 용기를 북돋웠다. 감옥 관리자들은 수감자들이 폭동을 일으키지 않

| 서대문감옥 내부

을까 염려할 정도였다.

당시 서대문감옥의 전옥으로 그후 조선총독부 감옥과장을 지낸 가키하라 다쿠로柿原琢郎는 당시 상황을 다음과 같이 회고했다.

"교회당이나 공장에도 철망을 둘러서 감방으로 대용하는 궁책을 취했으나 흥분한 재감자 중에는 방안에서 큰 소리로 독립운동의 연설을 하면 박수로 공명하고, 그 혼잡은 도저히 비유할 수 없는 상황이며 게다가 감옥의 앞과 뒤의 고봉에 독립운동자가 올라가서 낮에는 한국기를 흔들고 밤에는 봉화를 올려서 재감자를 선동하는 일이 날마다 밤마다 연속되어 한 달 이상이나 계속되었다."

여자감방은 보안과 청사와 감옥 담장 사이의 옥사 밑의 지하감방으로 1호부터 17호까지 있었다. 유관순은 8호 감방에 수감되어 있었다. 당시 여자감방에는 남자감방과 달리 마룻바닥에 다다미가 깔려 있었다. 이불은 4명당 하나씩인데 얼굴을 덮으면 무릎까지 나오고 발을 덮으면 젖가슴까지 나오는 길이가 짧은 것이었다. 독방도 4개 있었는데, 가로·세로 1m 정도의 좁은 방이었다. 유관순은 감옥 내에서 징벌을 받을 때 지하감방 취조실에서 취조를 받고 다시 독감방으로 돌아와 대기하였다. 이때에는 밥도 주지 않고 굶기기 일쑤였다.

감옥 안의 주식은 쌀 10%, 조 50%, 콩 40%의 혼식이었다. 콩밥 한 덩이와 소금·물·무장아찌 두어 쪽이 전부였다. 이와 같은 급식과 가혹한 수감생활로 항일지사 대부분은 옥고 1년만 지나면 심한 병을 얻고, 고문 후유증으로 반신불수가 되기 십상이었다. 규정은 최소한의 양식 급여량을 주도록 하고 있으나, 형무소 관리들의 착취로 실제로 수인들은 항상 배가 고팠다.

밥을 주기 전에는 꼭 간수가 훈화를 했다. 훈화는 욕지거리에서 시작하여 욕지거리로 끝났다.

"네까짓 것들이 건방지게 정치에 무슨 상관을 하느냐. 가정도 개량도 못하고 자녀도 잘못 양육하는 것들이 무슨 주제에 정치냐, 응. 정치냐 말이야."

감옥의 높은 담과 쇠창살, 그 안에서 가해지는 비인간적인 학대도 유관순의 의지를 꺾지는 못하였다. 유관순은 감옥 안에서도 수시로 "대한독립 만세!"를 외쳤다. 다른 감방에서도 이에 호응하곤 했다. 그러고 나면 분위기가 술렁술렁거렸다. 그때마다 유관순은 끌려 나가 발길로 차이고 모진 매를 맞았다. 박인덕 선생은 그런 유관순을 안타깝게 생각했다.

"그 아이가 감방 사람들을 이끌고 시위를 벌이자 간수들이 그 아이를 끌어내 구타하였다."

박인덕 선생은 이러다가 유관순이 죽겠다고 생각했다. 그래서 청소하는 수감자를 통해 조심스럽게 말을 전했다.

"만세 부르는 것도 좋으나 몸만 상하고 효과는 적으니…… 뿐만 아니라 동지들의 신상에도 관계가 되는 것이니 제발 만세를 그만 불러라."

박인덕의 간곡한 권고를 받은 유관순은 그제서야 만세 부르는 것을 그쳤다. 그러기까지 유관순의 몸은 구타와 고문으로 망가져 있었다.

충북 충주 출신으로 기독교 전도사 역할을 하면서 3·1운동에 적극나서 독립선언서를 뿌리다가 체포되어 2년 징역형을 받고 유관순과 함께 8호 감방에 수감되었던 어윤희(1877~1961)에 의하면, 유관순은 감옥안에서 자신보다 고향사람들과 동생들을 더 걱정했다.

"고향 사람들이 몇 사람이나 붙잡혀 갔는지 모르겠다."

"어머니 아버지께서 돌아가셨는데, 내 동생들도 암만 생각해도 죽은 것 같다."

"나는 앞으로 어떻게 해야 하나요"하며 유관순은 깊은 슬픔에 빠져들곤 했다. 이때마다 어윤희는 유관순의 어깨를 토닥거리며, 어린 유관순을 위로했다.

"우리 이화학당에서 선생님이나 누가 한 번 찾아와 주었으면 좋겠어요. 제발 누가 와서 우리 동생들 살았는지 죽었는지 알았으면 한이 없겠어요."

유관순에게는 찾아오는 사람이 아무도 없었다. 다른 사람은 옷가지나 사식을 받곤 하였지만, 유관순에게는 그렇게 해 줄 사람이 없었다. 유관순은 아버지·어머니가 다 돌아가시고 오빠도 없는 집에 동생들이 어떻게 되었는지 걱정이 되어 견딜 수 없었다.

| 유관순과 1년여 감옥생활을 같이 한 어윤희

"아주머니, 저는 부모님도 다 죽고, 형제도 찾아오지 않으니 다 죽은 모양입니다."

"얘, 그럴 리가 있겠니? 무슨 사정이 있어서 그런 것이겠지, 걱정 말아라. 걱정 말아. 걱정할 것 없어. 충직하고 정직하면 무엇이든 할 수 있어."

어윤희는 유관순이 슬픈 생각에 빠질 때마다 다독거리며 따뜻하게 위로하고 격려했다.

박인덕도 어느 날 밤 침묵이 내리누르고 있는 감옥 안을 울리는 유관순의 울부짖음을 들었다.

"왜놈들이 우리 어머니, 아버지, 오빠를, 우리 마을 사람들을 죽였어요. 모든 것을 빼앗아갔어요."

그 흐느낌과 울부짖음은 듣는 사람의 애간장을 도려내는 듯하였다.

체격이 큰 유관순은 감옥에서 굶어 죽지 않을 정도로 주는 밥 때문에 항상 허기가 졌다. 게다가 일제는 유관순이 독립만세를 부르는 등 감옥

안에서 문제를 일으킬 때마다 잡아 가두고 고문하며 밥을 굶겼다. 배고 픔은 또 다른 고문으로, 견딜 수 없는 고통이었다. 어윤희는 당시를 이 렇게 회상했다.

"그 애가 감옥에서 기뻐하는 하루가 있다고 그러더군요. 그 주먹 만 한 콩밥덩어리 주는 날이 제일 기쁘다고 그래요. 닷새 만에 콩밥을 주었 어요. 죽지 않을 정도로……."

유관순은 항상 배가 고팠다. 밤에도 배가 고파 잠을 이루지 못하고 일 어나 배고픔을 호소했다. 그러나 어윤희로서도 어찌할 방법이 없었다.

"내가 여기서 어떡하니, 아무 것도 없으니……."

어윤희는 민족의 독립과 애국지사들을 위해 금식기도를 할 때마다, 때로는 일부러 금식을 핑계로 나이 어리고 몸집이 큰 유관순에게 자기 몫의 밥을 주었다.

유관순은 항상 허리를 감싸 안고 고통스러워했다. 병천에서 붙잡힐 때 창에 찔린 곳에서 도무지 낫지 않고 계속 고름이 흘러나왔다. 게다가 수시로 매를 맞고 고문을 당하여 몸이 성한 날이 없었다. 어윤희는 당시 상황을 이렇게 전한다.

"그때 감옥에서 유관순이는 너무 매를 맞고 고문을 당해서 죽었어요. 다리를 천정에 끌어 올려 매고 비행기를 태우고…… (울면서) 물을 붓 고……."

감옥 속에서 유관순은 동생과 가족에 대한 걱정, 외로움과 배고픔, 육체에 가해지는 심한 고문, 옆구리의 고름이 멈추지 않는 고통으로 엄 청난 고생을 했다. 그러나 슬픔에 잠겨 있지만은 않았다. 같은 감방에 있던 구세군 사관부인 엄명애(양명이라는 이름으로 나오기도 한다)라는 여성이 아기 낳을 때가 되어 1919년 10월에 보석으로 풀려났다가 11월에 아기를 낳아 안고 다시 들어왔다. 동짓달 엄동설한에 기저귀가 얼른 마르지 않자 유관순은 뻐적뻐적 언 기저귀를 몸에다 감아 차고 녹여서 주었다. 어윤희는 유관순에 대해 다음과 같이 회고한다.

"그 안에서 일을 하는데 관순이가 모든 사람들한테 순진한 마음으로 대하면서 일했습니다. 모자 같은 것을 짜고 셔츠 같은 것을 뜨고 너무 충직스럽게…… 하나를 뜨더라도 성의껏 일을 해서 모든 사람들한테 신임을 받았습니다."

"어린 애가 무슨 일이든 충직하고 책임감이 강하고……. 나는 유관순 같이 충직하고 책임감 강하고 의에 사는 그 같은 순진한 사람을 다시 보지 못하고 이때까지 지냈습니다."

스코필드 박사의 방문   유관순이 수감된 제8호 감옥을 어느 날 한 외국인이 방문하였다. 감옥 안에서는 이례적인 일이었다. 그는 프랭크 윌리엄 스코필드(Frank William Scofield) 박사였다. 그는 영국 국적의 캐나다 연합장로교회 의료선교사로 1916년 한국에 와서 세브란스의학전문학교 미생물학 및 위생학 교수로 있었다. 3·1운동 민족대표를 33인이 아니라 그를 포함해 34인이라고 할 정도로, 그는 3·1독립운동에 깊은 관심과 후원을 아끼지 않았다. 그는 3·1운동이 일어나자 그 광경을 카메라에 담아 비밀리에 서방

| 스코필드 박사

세계에 알렸다. 또 그 해 4월 15일 일제가 제암리에서 주민 29명을 학살한 사건이 나자 방화와 학살의 현장사진을 찍어 보고서와 함께 외국신문에 게재해 미국·캐나다 등지에 일대 국제적 여론을 불러 일으켰다.

스코필드가 서대문감옥을 찾은 것은 세브란스 병원의 간호원이며 자신을 존경하며 따랐던 노백린 장군의 딸 노순경이 수감되어 있다는 사실을 알고 노순경을 돕기 위해서였다.

면회실에 나온 노순경은 스코필드를 보고 눈물을 흘리며 고마워했다. 면회시간이 다 되어 노순경이 다시 감방으로 돌아가려 하자 스코필드가 간수에게 말했다.

"감옥에 가 보고 싶소."

"박사님, 규칙상 안 됩니다."

"아니요. 꼭 가 보아야겠소."

간수는 스코필드를 막을 수 없었다. 며칠 전인 1919년 5월 11일자 『서울 프레스』에 신문사 대표 2~3인이 서대문감옥을 방문하고 수감자들이 좋은 대우를 받으면서 기술을 배우고 있다는 기사를 썼는데, 그것을 읽고 스코필드가 『서울 프레스』에 편지를 쓴 일이 있었다. 그는 편지에서 서대문감옥에서 비인도적 대우를 당하고 나온 사람의 예를 들며

『서울 프레스』기사가 사실에 근거하고 있지 않으며, 다시 한 번 확인할 필요가 있다고 했다. 그러자 『서울 프레스』는 스코필드 박사의 편지를 소개하며 다음과 같이 제의하는 글을 실었다.

"이 편지를 쓰신 분과 이와 같이 우리를 의심하고 있는 분에게 제의하노니, 당신네들이 서대문형무소를 직접 방문하여 여러분 스스로가 우리 사의「서대문방문기」가 정확한 것인지 아닌지를 확인해 주기를 바라는 바이다. 당신네들이 그렇게 하기를 원한다면, 서울 프레스사에서는 여러분들이 관계당국으로부터 서대문형무소 방문의 허가를 받을 수 있도록 최선을 다해 드리겠다."

이러한 보도가 있은 지 열흘 후 스코필드는 서대문감옥을 찾았다. 그리고 신문기사를 인용하며 감방까지 가보겠다고 우겼다. 감옥 당국자가 아무리 해도 막을 도리가 없었던 것이다.

스코필드가 간수를 따라 들어간 감방에는 '여자감방 8호실'이라는 표지가 붙어 있었다. 스코필드는 좁은 감시창으로 안을 들여다보았다. 감방 안은 넓기는 했으나 어둡고 불결했다. 스코필드 박사는 어두컴컴한 감옥 안을 향하여 말을 건넸다.

"여러분, 수고하십니다."

감방 안의 사람들은 모두 뜻밖의 인사에 어리둥절하였다.

"세브란스의학전문학교 교수이신 스코필드 박사님이셔요"

노순경이 소개했다. 일동은 긴장을 풀었다. 스코필드는 말했다.

"제가 여러분들이 어떻게 지내고 계신지 직접 확인하고 싶어서 이렇게 와 보았습니다."

감방 안의 사람들은 모두 스코필드의 호의에 감사해했다.

"이 분은 누구십니까?"

스코필드는 바로 문 앞에 앉아 있는 숙성해 보이는 학생차림의 소녀를 가리켰다.

"그 학생은 이화학당의 유관순양입니다."

노순경이 답했다. 스코필드는 유관순이 고향 천안에서 무엇을 했으며, 그후 어떻게 되었는지 들은 바 있기 때문에 놀라 다시 유관순을 바라보았다. 그녀의 가슴에는 '1933'이라는 죄수번호가 붙어있었다. 스코필드 박사의 얼굴에는 존경과 침통의 빛이 감돌았다.

그 다음 사람을 노순경이 소개했다.

"개성에서 일하시던 감리교 전도부인 어윤희 여사이십니다."

"또 이 분은 구세군 사관부인 엄명애 여사이십니다. 곧 아기를 낳을 것입니다."

간수들은 속히 나가달라고 거듭 재촉했다.

스코필드는 들은 체 만 체 하고 성경을 인용하며 애국 여성들을 위로했다. 그는 전옥과 간수에게 8호실 사람들을 특히 잘 봐달라고 신신당부하였다.

유관순이 수감되어 있었던 서대문감옥 8호 감방에는 권애라·신관빈·수원 기생 김향화·맹아학교 심명철 등도 함께 있었다.

"아주머니, 우리 여기서 만세 부르더라도 괜찮겠지요?"

불쑥 유관순이 어윤희 여사에게 입을 떼었다. 유관순은 미리부터 준비하고 있었다. 박인덕 선생이 주의를 준 이후로 독립만세를 부르는 일을 자제하고 있었지만, 진작부터 '3 · 1운동 1주년이 다가오는데 어찌 그냥 있을 수 있는가' 하는 생각을 하면서 이 날을 기다린 것이다. 유관순은 먼저 감방 안의 어윤희 여사와 의논하였다.

"그래도 괜찮겠지요?…… 우리를 죽이지는 않겠지요?…… 우리 3월 1일 만세 부를까요. 아주머니, 그래도 괜찮겠지요?……"

유관순은 작은 소리로 속삭였다. 그러나 그것은 어윤희 여사의 동의를 얻기 위해서라기보다 자기 자신에게 하는 중얼거림처럼 들렸다.

"그러면 여기서 소동이 나겠지요. 아주머니, 우리 만세 부르다가 죽어도 괜찮지요? 저를 위하여 죽어도 괜찮겠지요……"

"그래, 만세를 부르면 한 바탕 큰 소동이 일거다. 하자, 해. 다시 한 번 만세를 부르자."

어윤희 여사도 결연한 빛으로 찬성을 표했다.

유관순은 '통방'이라는 감방 안의 비밀통신방법을 통해 17개 여자감방 전체에 연락했다.

1920년 3월 1일 오후 2시, 유관순이 있는 8호 감방에서 만세 소리가 터져나왔다.

"대한독립 만세!"

"만세!"

"만세!"

그러자 각 감방에서 일제히 호응했다.

"대한독립 만세!"

"만세!"

"만세!"

인왕산이 쩌렁쩌렁 울렸다.

"대한독립 만세!"

"만세!"

"만세!"

만세소리는 감방마다 연쇄폭발을 하듯 터져 나왔다.

삐익, 삐익 호각소리가 들리고 감옥 안에 비상이 걸렸다. 후다다닥, 간수들이 이리 뛰고 저리 뛰는 발소리가 부산스럽게 들렸다.

감옥 안에서 유관순이 선도하여 일으킨 3·1운동 1주년 기념 옥중 만세시위에는 3000명이 넘는 수감자들이 호응했다. 이들이 소리 높여 외치는 만세 소리와 변기 두껑으로 철판 벽을 두드리고, 발길로 문짝을 차는 소리로 감옥 안은 떠나갈 듯했다. 이들의 시위 열기는 모화간·냉동·애오개·서소문 등 감옥 바깥으로도 퍼져나갔다.

곧 보복이 뒤따랐다.

이애주李愛主는 감옥 안 어느 감방에선가 "조선 독립 만세!" 하는 소리가 터져 나오는 것을 들었다. 그러자 연달아 이방 저방에서 이에 호응하였고, 마침내 잡범들에게까지 번져 여감 안은 만세 소리로 뒤흔들렸다. 당황한 여간수들이 달려왔다. 간수부장은 칼을 빼들 기세로 칼자루를 손으로 굳게 잡은 채 달려왔다. 열쇠 꾸러 미를 만지는 소리와 함께 감방 문이 차례 로 철커덩 소리를 내며 열렸다. 죄수들을 이끌어내 복도의 시멘트 바닥에 꿇어 앉 혔다. 욕지거리와 함께 매운 손으로 모든 죄수들의 뺨을 차례로 올려붙였다. 그러 고는 하나씩 감방 안으로 들어가게 했다. 간수들이 정신여학교 학생 이애주의 방문 앞으로 왔다.

| 이애주

"너는 지랄을 안했구나"

하고 지나갔다. 간수가 제8호 감방 앞에 서서 하는 말소리가 여자감 방 안에 메아리쳤다.

"오늘 이 소동의 주동자는 누구냐?"

그러자 8호 감방 안에서 동시다발로 대답이 터져 나왔다.

"나요."

"아니요, 나요."

"내가 제일 먼저 부르자고 하였으니까 내가 선동자요."

8호 감방의 7~8명이 서로 자기가 주동자라고 주장하였다.

"무어가 잘한 짓이라고? 상이라도 탈 줄 알고 덤비는 거야!"

간수는 8호 감방 사람 모두의 뺨을 두 대씩 갈겼다.

"너지?"

간수는 대뜸 유관순을 지목하였다. 감옥 안의 만세소동은 이번이 처음이 아니었다. 몇 번 이런 일이 있었고, 그때마다 유관순이 주동하였다. 그래서 간수는 이번 사건도 유관순이 주동하였다고 단정했다. 마침 저녁 식사시간이 되자 간수는 그 방 다른 사람들은 다 들여보내고 유관순과 개성 미리흠여학교 학생 심명철만 복도 바닥에 그대로 꿇어 앉혀 두었다.

심명철은 시각장애인이었다.

"흥, 눈깔은 멀어가지고 만세나 부르면 장하단 말이냐!"

간수가 빈정댔다.

"눈깔이 멀었으면 애국심도 멀었나요?"

심명철은 이와 같이 대꾸했다. 간수들은 지나갈 때마다 욕질을 하고 머리털을 끄들곤 하였다.

이애주는 저녁식사를 가져온 기결수 취사부에게 물었다.

"저 성질 괄괄한 처녀가 누구요?"

이애주는 언젠가 그 처녀가 여간수에게 "사천년 역사를 가진 우리가 삼천리 금수강산을 빼앗기고 그 압제와 구박 속에서 그대로 죽여 줍시오 하고 있어야 옳단 말이오?"하고 대들며 싸우는 것을 들었기 때문이다.

"유관순이래요."

취사부가 귓속말로 일러 주었다.

유관순은 이날 끝까지 대들다가 갖은 구타를 당해 의식을 잃기도 했다. 그런데도 심명철과 함께 취침 시간이 되어 감방 안의 모든 불이 꺼진 후에도 얼마를 더 복도에 꿇어 앉아 있어야 했다.

유관순은 이날 구타로 방광 파열상을 입고 광목 이불을 둘러쓰고 드러눕게 되었다. 병동의 유관순 옆에는 간호원이 지키고 앉아 감시하였는데, 간호원이 없을 때 감배후라는 여자 죄수가 몰래 유관순의 상태를 살펴보고 유관순의 소식을 감방 동료들에게 전해 주었다. 그러나 유관순을 지키고 있는 간호원이 하도 지독하여 유관순에게 다가갈 수가 없었다.

| 이신애

1919년 11월 28일 서울 안국동 일본 파출소 앞 광장에서 제2의 독립선언식을 거행하고 붙잡혀 온 이신애도 옥중 만세시위로 큰 고통을 당했다. 유관순과 행동을 함께 한 그녀는 옥중 만세시위의 주동자가 유관순이냐, 이신애냐로 곤욕을 치른 것이다. 그녀는 대동단사건으로 3년, 옥중 만세사건으로 다시 2년을 더 받아 합계 5년형을 살다가 1924년 4년 6개월 만에 가출옥했다. 유관순이 숨지고 난 다음 그녀는 혼자 외로운 싸움을 해야 했다. 유관순이 없는 그때의 심정을 그녀는 다음과 같이 표현했다.

"문자 그대로 독립은 외롭더이다."

2
목천군 지령리

해발 612m 만뢰산에서 시작하는 광기천 골짜기는 10km를 북에서 남으로만 뻗어 차가운 북풍이 내쳐 부는 겨울에는 얼음골이 된다. 그래서 석항·왕대·공심·매당리·번재울 같은 마을들은 서쪽 산자락에 바싹 붙어 칼바람을 피하고 있고, 옷갓골·독갑말·광터골은 동쪽 산모퉁이를 돌아 산뿌리에 기대어 있다. 그러나 천안군 이동면 속칭 지랭이 마을은 해발 169m의 매봉산을 방패로 광기천 골짜기를 타고 불어오는 시린 바람을 정면으로 맞서고 있다.

이 고을 큰 냇물인 아우내가 동쪽으로 흐르다 남으로 방향을 바꾸는 것도 매봉산에 막혀서이다. 북면 대평리가 발원지인 아우내는 뱀배미 들을 적신 후 방향을 바꾸어 동으로 흐르며 산방천을 합치고, 병천에 와서 광기천과 만화천을 합친다. 이렇게 네 줄기의 내를 하나로 모아 흐른 다고 해서 아우내라 하였다. 이 내는 매봉산에 막혀 따뜻한 햇살 비치는 남쪽으로 방향을 튼다.

1902년 12월 16일이었다. 음력으로 11월 17일, 한반도에 일본 제국주의의 총칼 아래 암흑과 공포의 먹구름이 몰려오고 있었을 때 충청남도 목천군 이동면 지령리에서 유중권柳重權과 이소제李少悌 부부가 사는 초가집에서 유관순이 태어났다. 이민족의 침략 앞에서 절망의 땅으로 바뀌어가갈 때 자유와 독립을 향한 고고한 외침이 이 아이와 더불어 태어나 자라나기 시작했다.

아버지 유중권은 자신의 작은 토지와 빌린 남의 땅에 농사를 지어 근근이 살아가는 농부였으며 유교적 전통을 고수하는 고지식한 사람이었다. 어머니 이씨는 마음이 정직하고 현명했으며, 애정이 깊고 용모가 깨끗하고 아름다웠다.

유관순에게는 부당한 권력에 대한 거부와 저항의 피가 흐르고 있었다. 그녀의 가문은 조선 중기 광해군 때까지 높은 벼슬을 지낸 양반 집안이었다. 고흥유씨 검상공파 12대조인 유당柳樘에게 몽사夢獅·몽표夢彪·몽웅夢熊·몽인夢寅 네 아들이 있었는데 유관순 집안은 둘째인 몽표의 후손이었다. 넷째인 몽인은 조선조 설화문학의 대가인 어우당이다. 유몽인은 학문이 높고 문장이 뛰어나 세자시강원문학世子侍講院文學이 되어 왕세자 교육을 담당하기도 했다.

그러다 유몽인이 인조반정 이후 광해군 복위사건의 역모 누명을 쓰고 아들 유약과 함께 사약을 받으면서 가문이 위기를 맞았다. 죽음을 모면한 형제들은 원방 귀양살이를 마치고 벼슬에의 꿈을 접었다. 유관순 직계 할아버지 유몽표의 세 아들 중 장남인 숙潚은 가평과 춘천에 자리 잡았다. 셋째인 활活의 후손이 청주로 내려와 목천에 정착했다. 둘로 갈라

| 목천군 이동면 지령리 전경

| 복원된 유관순의 생가

진 이 문중에서 한말과 일제하에 대표적인 독립운동가 두 사람이 나왔다. 한 사람은 가평의 한말 의병장 유인석이고, 다른 한 사람은 목천의 유관순이다. 이는 우연이 아니라 운명적인 것이었다.

유관순이 태어난 곳은 나무 목木과 내川의 목천 고을이다. 그 이름은 부드럽지만 억세고 팍팍한 운명의 고장이었다. 삼국시대에는 고구려·백제·신라가 뺏고 뺏기는 각축을 벌인 장이었고, 후삼국기에는 후백제와 고려의 세력이 교차하던 지역이었다. 후삼국의 마지막 패자가 된 고려 태조 왕건이 이곳을 '하늘의 평안', 즉 천안天安이라 한 것은 그만큼 이 지역이 불안정했음을 역설적으로 말해 주는 것이었다.

자고나면 지배자가 바뀌는 고장, 아무에게나 굴복하고 충성을 바칠 수 없는 고장이었기에 은인자중과 반골의 고장이었다. 목천 사람들은 새로운 지배자 왕건에 대해서도 여러 번 반란을 일으켰다. 태조는 이 지방 목주木州 사람들을 미워하여 가축 이름으로 성을 내렸다.

유관순이 태어난 때는 20세기의 막이 오른 지 두 번째 해였다. '빛은 동방에서'라는 오랜 격언을 비웃기라도 하듯 행운과 축복의 빛은 아시아·아프리카 대륙에서 탐욕과 식민지 정복에 열 올리는 서반구에만 비쳤으며, 아시아에는 전쟁의 먹구름과 혁명의 소용돌이가 밀려오고 있었다. 고요한 아침의 나라 조선은 서양에 편승한 일본이 청일전쟁에서 승리한 후 노골적으로 조선의 숨통을 죄어오는 까닭에 더 이상 고요한 아침의 나라일 수 없게 되었다.

어린 시절의 유관순 유관순 위로는 배다른 언니 계출이 있었다. 유중권의 첫 부인 한씨는 이 딸 하나를 낳고 일찍 세상을 떠난 듯하다.

매봉산을 사이에 두고 지령리와 반대 방향으로 서쪽 기슭에 있는 탑원리 등재마을 김원숙金元淑은 이웃집 아이 중에서 사내처럼 동네를 휘젓고 다닌 5세 가량의 여자아이 유관순을 기억하고 있었다.

"내가 17살에 5~6가구밖에 살지 않는 이 마을에 시집을 왔을 때 소녀 관순은 귀밑머리, 황새머리, 조랑머리로 머리를 세 갈래로 땋고 사내처럼 동네를 휘젓고 다녔으니 5살 되었을 거야."

귀밑머리는 앞 이마에서 가르마를 타서 귀 뒤로 넘겨 땋은 머리다. 김원숙 할머니의 기억에 따르면 유관순 가족은 탑원리에서 5년쯤 살다가 지령리로 이사를 갔다.

유관순의 소꿉친구던 남동순은 유관순의 어린 시절을 많이 기억하고 있었다. 그녀의 숙부 남종실·남명실과 할머니가 병천시장 안에 살았기 때문에 병천에서 살다시피 하며 유관순과 친하게 지내게 되었다. 남동순의 회고를 통해 지기 싫어하는 유관순의 성격을 잘 알 수 있다.

어느 날 남동순이 유관순과 함께 물에 비친 얼굴을 보며 놀다가 말했다.

"너보다 내가 예쁘구나"

"아니야."

"내가 예뻐."

"아니야, 계집애야. 내가 예뻐"

"둘이 놀다가 물에 비친 얼굴을 보며 '너보다 내가 예쁘구나' 하면 싫어했어요."

"넌 네가 예쁘다 해야 좋으니?"

"그런 말 하지 말아."

유관순이 퉁명스럽게 말했다.

"말해 봐, 네가 예쁘다 해야 좋아?"

"그런 말 하지 말래두. 암 말도 하지 마."

| 남동순

유관순은 기분이 상한 표정을 지었다.

남동순은 90년이 더 지난 일을 회상했다. 유관순은 자기보다 동순이가 더 이쁘다고 하는 것을 인정하지 않았다.

"'넌 널 예쁘다 해야 좋으니?' 하면 '그 소리도 말고 암 말도 말아라' 그래요. 다른 사람들은 나를 이쁘다고 하니까 싫어 하고 같이 안다니려고 해요. '같이 가기로 했잖아. 넌 속이 나보다 예뻐. 얼굴은 내가 낫지만 넌 속이 나보다 낫잖아' 그랬어요."

그리고 유관순의 성격에 대해 이렇게 덧붙였다.

"얘가 성격이 강해요. 어릴 때 풀을 뜯어다 달래각시를 만들잖아요? 내가 먼저 만들면 그걸 질투를 해. 어떤 때는 내가 천천히 만들어요. 걔가 자꾸 질투를 하니까. 가갸거겨를 배울 때는 나보다 잘했어요. 어릴 때부터 여자인데도 커서 대장이 되겠다 그랬어요."

친어머니가 낳은 장남 유우석(1899년생)이 있었다. 오빠 유우석은 다

| 보각스님(이정수)

음과 같이 기억을 더듬었다.

"우리집 씨가 본래 괄괄하지…… 관순이도 여간내기가 아니고. 나도 무던한 고집덩이라.…… 집안이 모두 예수를 믿는데도 끝내 예수를 등져낸 아버님도 그러하셨어. 그분은 그 고집으로 삭발을 않고 배겨내셨지."

이화학당에서 5년간 기숙사 생활을 같이 했던 보각 스님(속명 이정수)은 유관순에 대해 이렇게 말한다.

"취미가 같아요. 내가 O형이에요. 그래서 관순이랑 나랑 성격이 똑같았어요. 뭘 하면 열심히 하고 안하면 딱 안하고 그랬어요."

같은 마을에 살며 어린 시절을 기억하는 먼 조카 유제한은 유관순에 대해 이렇게 회고했다.

"관순은 어려서부터 씩씩한 장난을 좋아하고, 장난을 하면 반드시 우두머리가 되었다. 달 밝은 밤이면 완고한 어른들의 눈을 피해가면서 동네 아이들을 데리고 앞 냇가에 있는 모래사장에 달려가서 진쌈하기와 술래잡기를 하는데, 매양 대장 노릇을 하고, 줄넘기를 하면 제 길로 한 길은 쉽게 뛰어넘었다. 추운 겨울이라도 널뛰기는 물론이요 남자처럼 얼음 지치기와 눈장난을 하고, 방안에 있을 때에도 동무들과 같이 풍게문이와 쌍륙을 치면서 큰 소리로 웃으며 유쾌하게 놀았다. 이 모양으로 관순은 여자라기보다 차라리 남자다운 기운이 있으므로 '장난꾼'이라는 별명을 들었다. 그리고 동정심이 많아서 언제든지 남을 도와 주기를 좋아하며, 심술궂게 싸우거나 부모의 말을 거슬러 근심을 끼치는 일은 도무지 없었다. 부모가 시키는 일은 첫 마디에 순종하고, 비록 힘에 겨운 일이라도 거역하는 일이 없었다. 그러나 만일에 어른의 말이라도 도리에 어긋나는 일이면 한사코 듣지 않고 제 마음대로 하기 때문에 어른들도 능히 그 뜻을 굽히지 못하였다."

지령리교회 "우리는 지금, 우리 앞에 열려 있는 훌륭한 기회와 성공에 당황하고 있다."

선교사 케이블은 한국에서 선교사업을 이렇게 보고했다. 1885년 한국에 선교의 첫 발을 내디딘 개신교회는 급속히 성장했다. 특히 러일전쟁 후에 그러했다. 노블 감리사는 1904년 선교회의 제20차 연회 보고서에 지난해 늘어난 신자수 3000명은 전체 신자의 42%이며, 이 중 약 90%가 러일전쟁 이후에 늘어났다고 기록했다.

충청도 천안 공주지방에는 1898년 처음으로 스웨어러(서원보) 선교사가 파송되었다. 1899년에는 해미 등에 교회가 세워졌고, 1901년에는 충주·진천·청주에 교회가 설립됐다. 목천지역의 교회는 1899년 설립된 이천 덕들교회에서 개종한 전도사 박해숙이 복음전도 활동을 하는 가운데 목천 사자골에 세운 것으로 추정되고 있다.

당시 외국 선교사들이 가장 흔히 듣는 말은 이런 것이었다.

"선생 어디 계시오? 예수 믿으려고 왔소."

선교사들이 가는 곳이면 어디나 신자나 불신자를 막론하고 선교사들을 환영하고 따뜻하고 선량하게 대했다. 선교사들은 구불구불하고 울퉁불퉁한 길을 조랑말을 타고 다녔다. 어떤 집회 장소는 집이 너무 작아 사람들이 앞마당까지 꽉 찼다. 어떤 사람은 문지방을 기어오르고, 어떤 사람은 집 뒤로 가고, 소심한 사람들은 울타리 사이나 그 위로 집회 장면을 지켜 보았다. 테일러 선교사는 말했다.

"이곳의 사업이 너무나 빠르게 성장하고 있어서, 모든 조사들이 움직이고 있지만 나는 말을 타고서도 그 일을 따라잡을 수가 없다. 우리가 가는 어디든지 사업은 시작되었고 사람들은 속회를 조직할 준비가 되어 있었다."

1912년 감리사 스웨어러의 보고에 따르면 공주지방 전체에서 직산과 목천 사업이 가장 큰 수적 증가를 보였다.

용두리에 기독교회가 일찍이 전래된 데 대해 유관순의 오빠 유우석은 이렇게 말한다.

"다른 곳보다 예배당을 일찍 마련하게 된 것은, 육촌 할아버지 유승백씨가 세브란스 의사였던 미국인 선교사 케이블과 친교를 맺더니 지령리 한 초가를 얻어 종을 달고 십자가를 붙인 다음 선교를 시작했기 때문이에요."

지령리에 기독교가 전파되자 온 마을이 기독교로 개종했다. 유우석은 당시 상황을 다음과 같이 말한다.

"할아버지가 감화를 받고, 작은 할아버지가 그러했으며, 산지기 안종·바깥종 등 모조리 예배당에 다녔어요."

교회가 들어서자 양반과 상민 또는 노비라는 신분관념 속에서 살아온 집안에 상당한 마찰과 갈등이 일었다.

"글쎄 종들이 형님 형님하고 또 종더러 누님 누님 불러야 하니 집안이 다 망했다며 굉장했습니다. …… 아버지는 당신 혼자만 유독 예수를 믿지 않으셔서 혼자 제사를 도맡아야 했기 때문에 불평이 많으셨지요."

| 유관순의 오빠 유우석

지령리 감리교회는 곧 유관순의 배움터이자 놀이터가 되었다. 이곳에서 찬송가를 배우고, 어른들이 성경을 읽는 것을 보고 흉내내다 한글을 깨쳤으며, 읽거나 들은 성구들을 곧잘 외웠다. 교회 마당에서는 친구들과 공기놀이를 했다. 유관순은 친구들과 놀 때도 지기 싫어하고 고집스러우며 자기 주장이 강한 아이였다.

마을의 조인원趙仁元은 기독교 속장일을 보았다. 그는 택원宅元, 자字는 성탁聖鐸이었는데, 유림들과도 깊이 내왕 했다. 특히 젊은이로서 유림의 대표자 격인 이백하李伯夏 등과도 아주 절친하게 지냈다. 유관순의 사촌언니 유예도의 증언에 따르면 조인원은 아우내 장터에서 잡화상을 운영했다.

1906년 어느 날 속장 조인원은 유중무에게 말했다.

"우리 아들 병옥이 말일세,"

"네, 속장님."

"한문 서당일랑은 이제 그만두게 하고, 신식학교에 보내야 할까봐."

"그러게 말입니다, 속장님. 이제 구학문을 가지고는 어려운 시대인 것 같지요?"

"가만히 보니, 글 읽어 과거시험 보던 시대는 지났네. 내 많이 생각했는데, 시대의 변화에 따라 아이들을 교육시키지 않으면 안될 것 같네."

"병옥이는 워낙 똑똑한 아이니까 신학문을 시켜서 크게 키우시는 것이 좋을 듯 싶습니다."

"옳은 말일세. 그 아이는 머리가 있어. 일찌감치 신학문을 시켜야겠네."

"잘 생각하셨습니다. 속장님."

조병옥은 유관순보다 8살 위였다. 그는 회상했다.

"나의 가친은 열다섯만 되면, 어느 얌전한 신부를 골라 가지고 장가를 보낼 포부를 가지고 계셨다. 장가를 보낸 연후에, 내 가친은 내 백부의 동서뻘 되는 분이 대한학자大漢學者였으므로, 그분에게 맡겨 한문을 철저히 전공시키려고 하였으나, 그러한 계제에 때마침 미국인 감리교 선교사인 '케불' 목사가, 우리 동네에 와서 전도를 하게 되었는데……"

그의 회고는 계속된다.

"우리 가친은 감리교 신자가 되는 동시에, 우리 집 사랑채를 새경회(사경회-필자주) 강습 장소로 개방하고 신자들을 많이 모이게 하였으며, 그리하여 용두동 기독교의 창설자가 되고 속장이라는 교직까지 얻게 되었던 것이다. 그리하여 나의 가친이 기독교 신자가 되었던 관계로 해서 케불 목사는 나를 공주에 있는 미선계의 학교인 영명永明학교에 추천하여 입학케 하였던 것이다."

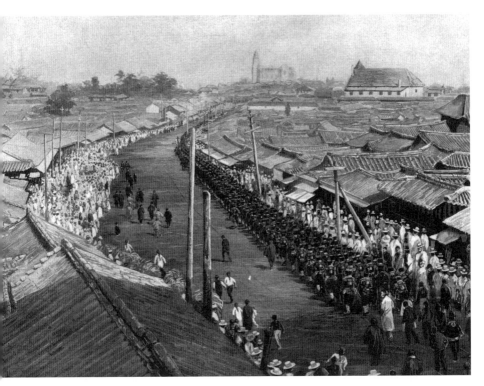

| 러일전쟁 때 북쪽전선으로 가기 위해 남대문로를 행군하는 일본군

기울어 가는 국운   1905년 11월 17일, 이날은 유관순의 호

적에 생일로 기록되어 있는 날이었다. 서

울의 덕수궁 주위와 시내 요소요소에 무장한 일본군이 삼엄한 경계를

펴며 위협적인 시위행진을 했다. 회의장인 궁궐 안에도 착검을 한 일본

헌병과 경찰이 드나들었다. 이토 히로부미伊藤博文는 주한 일본군사령관

하세가와長谷川好道를 대동하고 세 번이나 광무황제를 배알하고 강박하여

마침내 외부대신 박제순이 날인한 이른바 을사늑약을 받아냈다. 자정이

넘은 11월 18일 새벽 1시 반에서 2시 사이였다. 박제순·이지용·이근

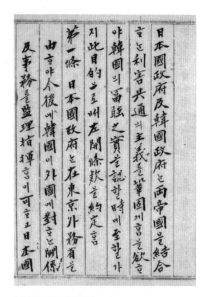

| 을사5조약문의 앞부분

택·이완용·권중현이 찬성한 가운데 황제의 비준도 없고, 형식과 절차도 제대로 갖추어지지 않아 국제 조약으로 효력을 가질 수 없는 이 '조약'에 의해 일본은 한국의 외교권을 빼앗고, 일본의 간섭 통제기구인 통감부를 설치해 한국을 일본의 감독을 받는 '보호국'으로 만들었다.

광무황제의 시종무관 민영환閔泳煥은 국민에게 보내는 유서를 남기고 자결했다.

"조국을 사랑하는 모든 사람들이 조국을 위하여 목숨을 바쳐야 할 때가 왔습니다.……"

또 좌의정 조병세, 전 참판 홍만식, 전 대사헌 송병선, 학부 주사 이상철, 영국 런던의 주영공사 이한응 등 지사들이 스스로 목숨을 끊음으로써 일본의 부당한 주권 침탈에 항의했다.

유관순이 사는 목천지역 주민들도 일본의 부당한 주권 침탈에 분개해 일어났다. 1906년 2월 목천군 청년회에서는 민영환과 조병세 두 충정공에 대한 분향소를 설치하고, 이분들과 같이 순국한 분들을 위하여 군내 복용정에 사당을 만들었다.

1907년 8월 1일 오전 9시 한국군 해산 명령이 하달되었다. 한국의 군사력을 완전히 무력화시키는 조치였다. 한국군 시위대 제1대대장 박승환이 분격하여 자결했다. 그의 부하와 주변 부대 장병들이 무기를 들고 부대를 이탈해 일본군과 시가전을 벌였다. 많은 해산 군인들은 무기를 들고 지방의 의병부대에 합류했다.

1907년 9월 의병운동의 파도는 유관순의 고향 천안과 목천지역에도 영향을 미쳤다. 특히 차령산맥을 끼고 있는 병천은 경기도와 충청북도의 접경으로 산곡간에 위치해 의병들이 3도의 경계를 넘나들며 활동하기에 좋았다. 이에 따라 병천의 상황은 점차 위기로 바뀌어 갔다.

이 시기는 유관순이 지령리에서 매봉산을 중심으로 서쪽 반대편인 등재마을에서 갈래머리를 하고 철없이 뛰놀던 때였다. 탑원리 등재마을에서는 병천 읍내가 훤히 보였다. 유관순은 이따금씩 빵빵, 딱콩딱콩하는 총소리에 놀라며, 불안에 떨지 않을 수 없었다.

1907년 9월 3일 아침 조치원 북쪽의 소정리 정거장이 의병부대의 공격을 받아 불탔다. 침략의 기간시설을 공격한 것이다. 이에 일본군 보병 1개 소대가 조치원에서 출발해 병천을 거쳐 진천에 이르러 의병을 급습하여 30여 명을 사상케 하였다. 바로 그 전에 일단의 의병이 아우내 장터에 나타나 연설을 하고, 목천군 사환 한 명을 총살하였다. 일본군은 한국 군대가 해산한 후 목천군에 보관되어 있던 무기류 등을 수거해 갔다. 의병들이 탈취하지 못하게 하기 위함이었다.

비슷한 시기 목천군 북면 오동촌에 의병이 지나가자, 일본군이 추격하여 와서 동네 주민들을 불러모아 놓고 의병이 다시 오면 동리에 불을 지르겠다고 위협하였다.

천안 소동면 죽계리에서는 의병 70여 명이 동리를 거쳐간 후 일본군이 동리에 불을 질렀다. 가옥 19채가 불에 타 잿더미가 되었다. 10월 중순에는 목천에서 장례식을 치르기 위해 수십 명이 가는데 일본군이 의병으로 알고 총격을 가해 2명이 죽고 1명이 중태에 빠졌다. 11월 2일 의병 20여 명이 수신면 검은바위마을(현암리)에 와서 점심을 먹고 가자, 곧이어 일본군 30여 명이 뒤쫓아 와서 현암리 38가구에 불을 질러 남녀 260여 명이 처참한 지경에 놓였다. 일본군은 비봉리 16가구에도 불을 질러 잿더미로 만들었다. 얼마 후 근처의 사자골에서는 교인들이 일본군에게 총살당했다는 소식이 들려 왔다.

1907년 유관순이 다섯 살 때 일이었다. 지령리교회가 불에 탔다. 일본군이 불을 질렀다. 초가인 교회가 타는 것은 삽시간이었다. 불똥이 검은 연기와 함께 바람을 타고 어지럽게 하늘로 날아올랐다. 교회가 다 타자 일본군들은 험악한 말로 마을 사람들을 위협하였다.

"이건 경고다 경고, 알간? 만약, 다시 무슨 음모를 꾸미거나, 대일본제국에 불측한 행동을 하면 이 마을 전체를 불질러버릴 테다. 알겠나?"

지령리교회의 피해 상황에 대해서는 감리교 공식보고서가 훨씬 더 상세하다.

지난해는 근심의 구름이 없던 해가 아니었다. 지난해 말과 이번 해 초기에는 특별한 시험과 박해가 있었다.…… 지난해 가을 난리가 났을 때 목천에 있는 우리 신자들은 심한 고난을 받았다. 안내(Annai)에 있는 우리 교회가 일본군에 의해 전소되었고 이곳에서 몇 리 밖에 있는 사자골에서는 3명의 신자가 일본군에게 붙잡혀서 총살형을 당했다.

국채보상운동 | 1907년이었다. 유관순이 5살 때 아버지 유
중권, 삼촌 유중무, 아저씨 조인원 등 마을
어른들은 연일 신문을 보면서 세상사에 대해 이야기했다. 『대한매일신
보』에는 국채보상운동 의연금 납부 상황을 매일 싣고 있었다.

"전국에서 나라 빚 갚는 국채보상운동이 불같이 일어나고 있군 그
래."

"신문에 매일같이 나고 있어요."

"그래요, 무슨 군 무슨 리에 누구누구가 몇원, 몇전 냈다며 신문에 이
름까지 나고 있어요."

"전국에서 참여하지 않는 고을이 없구먼요."

"인근 천안과 직산에서도 다들 야단이에요."

"생각이 있는 사람이라면 어디 가만 앉아 있을 수 있나?"

"우리도 나서야 할 것 아닌가."

"그래야지요."

"당연히 우리도 해야지요."

일본은 미국 하버드대 출신의 메카타 다네타로目賀田種太郎를 한국 정부
의 재정고문으로 천거해 1906년까지 4차에 걸쳐 1150만 원의 차관을
한국에 들여오게 하였다. 이 돈은 당시 쌀 한 가마를 13원으로 칠 때 88만
4600가마를 살 수 있는 금액이다. 이것을 오늘날의 가격(가마당 20만 원)
으로 환산하면 1769억 2000만 원에 해당한다. 차관 공세는 결국 우리
정부를 일본에 경제적으로 예속시키려는 것이었다.

대구에서는 출판사를 겸한 사회운동과 계몽운동 단체인 광문사 사장

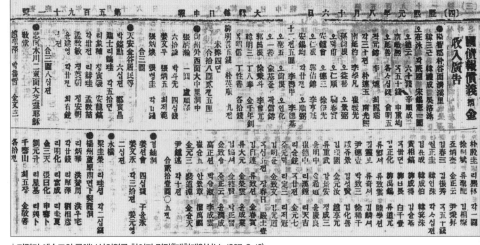

| 지령리 예수교의 국채보상의연금 참여자 명단(『대한매일신보』, 1907. 8. 16)

김광제와 부사장 서상돈이 나섰다. '담배를 끊어 절약한 돈을 모아 나라 빚을 갚자', '일본의 경제적 예속을 벗어나자'는 국채보상운동이었다. 이들은 1907년 2월 21일자 『대한매일신보』에 보도된 발기 취지에서 이 운동의 정신을 다음과 같이 밝혔다.

국채 1300만 원은 바로 우리 대한제국의 존망에 직결되는 것으로 갚지 못하면 나라가 망할 것인데, 국고로써는 해결할 도리가 없으므로 2000만 인민들이 3개월 동안 흡연을 폐지하고 그 대금으로 국고를 갚아 국가의 위기를 구하자.

이렇게 국채보상운동이 제창되자 『대한매일신보』·『제국신문』·『만세보』·『황성신문』 등 언론들은 이 운동을 앞장서 보도했고, 각계각층은 불길처럼 호응했다.

현재 천안시 지역은 당시 천안군·직산군·목천군으로 나뉘어 있었다. 직산군에서 1987명, 천안군에서 1019명, 목천군에서 506명이 국채보상운동에 참여했다. 각 동리의 웬만한 유지들은 거의 망라될 정도로 자발적·경쟁적으로 모금이 이어졌다.

유관순 동네 어른들도 운동의 취지에 맞추어 지령리와 주변 마을을 돌며 술 끊고 담배 끊는 금주단연운동을 벌이며,

| 국채보상의연금 영수증

국채보상 기금 모금에 참여하도록 계몽과 설득을 벌여나갔다. 마침내 1907년 8월 모은 기금을 대한매일신보사에 보냈다. 1907년 8월 16일자『대한매일신보』4면에「충남 목천 이동면 대지령 야소교당」이란 제목하에 지령리 사람들의 모금내역이 보도되었다. 모두 82명의 인사가 참여하였다. 지령리교회 국채보상운동 참여자를 열거하면 다음과 같다.

조성택(조병옥 부친, 인원 또는 성택), 박노철, 김문삼, 박은규, 이희림 각 1환

서상빈, 유성배(유빈기, 유관순의 종조부, 교회 지도자), 김상찬, 조병규, 김정운, 윤병승, 김춘삼, 김진수 각 50전

권정규, 한인수 각 40전

김재성, 한성백, 한기수, 황상호, 유성득, 김순기 각 30전

유일장, 박천일, 김정화, 유우석, 유도원, 유운서, 유치운

목학선, 김영보, 유기서, 김인서, 윤덕일, 박치삼, 서희천, 함주경,
김성현, 김화선, 김(성?)국, 김원녀, 조형원(조인원의 형), 유중무(유관순
의 숙부), 강경안, 정성삼, 윤명중, 윤희도, 윤경량, 최덕신, 이한종, 이천
길, 이순현 각 20전

김원칠, 전원덕, 이정삼, 이재관, 김명균, 김치문, 김원도 각 15전
장춘일, 엄사일, 김백련, 유치선, 김춘실, 유대원, 김영운, 윤성업, 김학
서, 김덕현, 박정습, 김치령, 전정운, 윤윤성, 고정선, 박영숙, 이성운, 최
순오, 안경장, 권만복, 김원삼, 배도연, 김순천, 윤종술 각 10전

합 82명 21환 5전

이 명단에서 조병옥의 부친으로 교회의 속장이며 3·1운동 주도자
중 한 사람이었던 조인원과 그의 형인 조형원, 유관순의 숙부로서 형 유
중권·조인원과 함께 3·1운동에 앞장섰던 유중무, 교회 지도자 유빈기
의 이름을 볼 수 있다. 형편이 나았던 조인원이 1환을 냈고, 명단의 제
일 앞머리에 있다.

당시 시골마을 교회에서 82명은 많은 수이며, 예수교당 이름으로 국
채보상운동에 참여한 것은 천안·직산·목천군 내에서는 유일한 일이었
다. 다섯 살 유관순의 작은 가슴속에도 알게 모르게 동네의 이런 분위기
가 자연스럽게 배어들고 있었다.

유관순이 다섯 살 생일을 지난 지 얼마 되지 않은 1908년 1월 19일
일요일이었다. 서울 새문, 즉 서대문(돈의문) 밖 천연정 보성소학교에서
기호흥학회 창립총회가 열리고 있었다. 전국을 5개 지역으로 나누어 기

호지방의 기호흥학회와 더불어 서북지역에는 서북학회, 호남지역에는 호남학회, 영남에는 교남학회, 영동에는 관동학회가 발족되어 가는 중이었다. 학회의 주요 사업은 학교를 설립하고 신지식을 보급하는 것이었다.

목천지역에서도 뜻있는 인사들이 기호흥학회 목천지회를 조직하겠다고 신청하였다. 1908년 8월 9일 오후 1시에 소집된 통상총회에서 목천군 지회의 설립 청원서가 접수되어 허가를 받았다. 1908년 9월 27일 오후 2시에 서울에서 개최된 본회의 특별총회에서 모두 74명을 회원으로 하는 목천군 기호흥학회가 출발했다.

천안·직산지역에서 학교가 잇달아 설립되었다. 성환 흥환학교(1908년 7월 5일), 직산 경위학교經緯學校와 천안초등학교의 전신인 영진학교, 천안군 소동면 미죽리 영미의숙이 세워졌다.

목천군에서는 이 시기에 보명학교·수신학교·녹동학교·진명학교·장명학교·명진학교·병진학교와 후신인 홍호학교 등 여러 학교가 설립되고 매우 활발하게 교육운동이 진행되었다. 보명학교는 목천초등학교 전신인데, 학생이 40~50명에 이르렀다. 목천군 수신면 발이미(발산리)에서는 전 군수 이우규가 수신학교를 설립하였다.

목천군 일·이동면장 장세증과 이항림이 중심이 되어 여러 유지들이 녹동학교를 세웠다. 재정난에 부딪힌 사립 진명학교에서는 박재곤이 교감을 맡고 사재를 들여 청년교육을 하였다.

목천군 수신면 장산리에는 감리교가 운영하는 장명학교가 설립되고, 병천에는 성공회 병천교회의 신자였던 강대형이 1908년 사재를 들여 학교를 세웠다. 이 학교는 1912년 재정난으로 병천 성공회에서 운영하던 진명학교와 합쳐지게 된다. 병천리의 진명학교는 강화 온수리 진명학교, 천안 부대리 복일학교와 더불어 성공회가 세운 세 학교 가운데 하나였다.

청신의숙淸新義塾은 가전리에 살며 3·1운동에 앞장선 김구응이 1907년 지역민들의 도움으로 설립했다. 김구응은 홍호학교興湖學校와 장명학교에서도 학생들을 가르쳤다. 이와 더불어 목천군 이동면 지령리 유관순의 동리에서는 지령리 예수교회에서 '명진학교'를 설립하였다. 지령리의 교인들은 국채보상운동에 이어 학교 설립운동에도 적극 나섰음을 확인할 수 있는 대목이다.

국권회복의 물결이 밀려오던 1907~1909년까지는 유관순이 5~7세인 시기로, 유관순이 까르르 웃고, 장난치고, 무엇을 하든 지기 싫어 고집도 부리고 억지도 부리던 때였다. 하지만 지령리 동리 교회에서 어른들이 모여 의논하고, 국채보상운동과 사립학교설립운동을 벌이는 분위기 속에 자란 유관순의 가슴에는 공공을 위해 봉사하겠다는 마음이 은연 중에 자리잡아 갔다.

나라가 망하다 | 1910년 8월, 지령리의 조병옥이 만 16살의 소년으로 공주의 2년제 영명특별중학 2학년을 마치고 평양 숭실학교로 가기 위해 서울에 들렀을 때였다. 그가 대한문 앞에 이르렀을 때 많은 사람들이 벽보 앞에서 웅성거리고 있었다. 그는 호기심에 다가가 사람들 틈으로 벽보를 보았다. 거기에서 본 것은

참으로 기가 막힌 것이었다.

'한일합방조서!'

1910년 8월 22일 체결된 이 조약은 한국민들의 반발을 우려해 쉬쉬하다 8월 29일 발표됐다. 이때의 감정을 그는 『나의 회고록』에서 이렇게 말했다.

나는 평양의 숭실중학교에 입학하기 위하여 가는 도중 서울에 들렀다가, 대한문에서 합병 조칙문을 읽고, 어린 소년의 몸으로서 가슴이 아프고 눈시울이 뜨거워 옴을 어찌할 길이 없었다. 즉 이로써 역사상 가장 가혹한 이민족의 침략사가 시작되는구나 하고, 마음속으로 발버둥치며 울고 싶었고, 그 애통한 마음 지금도 생생하게 기억이 떠오른다.

1910년 8월 25일 조선총독부는 한국인들의 모든 정치집회를 금지시키고, 곧이어 대한협회·서북학회 등 민족주의 단체는 물론 친일단체인 일진회까지 한국인들의 단체는 모두 해산시켰다. 또한 『대한매일신보』 등 한국인이 경영하는 모든 신문을 폐간시켰다. 한국의 교과서를 비롯해 애국심과 독립정신을 담은 모든 책과 잡지는 몰수됐다. 한국의 민중에게는 일선 경찰 또는 헌병대에서 3개월 이하의 징역, 또는 100원 이하의 벌금에 해당되는 범법의 경우 1일 또는 1원에 태 한 대를 때리는 악명 높은 「태형령」을 시행하였다.

경찰은 영장 없이 누구나 체포·수사·구인할 수 있었다. 경찰이나 헌병은 각 가정을 돌며 집안이 깨끗한지 정기적으로 위생검사를 실시해,

| 폭압적인 식민통치의 상징 헌병경찰

만약 이 검사에서 경찰이 만족하지 못하면 그 자리에서 구타를 했다. 위생검사는 본래의 목적 외에 독립운동의 기미를 탐색하고 감시하기 위한 것이기도 했다. 군인·경찰·헌병은 물론 문관과 학교 교사도 남자에게는 직장에서 칼을 차도록 해 한국인들이 감히 저항하려는 생각을 가지지 못하게 하려 했다.

고통스러운 시기에도 해는 또다시 떠올랐고, 삶은 계속되었다. 유관순의 집안은 가난했지만 화목했고, 자녀들은 잘 자라났다.

유관순은 어른들과 함께 참석하는 교회에서 찬송가를 부르고, 성경을 공부하고, 설교를 들으면서 신앙과 배움에 대한 욕구를 키워갔다. 유관순은 교회 어른들 어깨 너머로 한글을 깨쳐 성경을 읽고 한두 번 듣거나 읽은 것은 척척 암기하곤 했다. 그런 그녀는 학교를 다니는 오빠들에게서 링컨 이야기나 기선과 철교, 서양 지리와 이상한 이름들을 호기심 있게 들으며 자연스럽게 미지의 세계에 대한 호기심과 지식에 대한 열망을 갖게 되었다.

1904년 남동생 인석이 태어나고, 1910년 10월 3일 계출 언니가 시집가자 여덟살의 유관순은 어머니를 도울 일이 많아지게 되었다. 집안에서 필요한 일이면 유관순은 기꺼이 어머니를 도왔다.

1911년 3월 10일 유중권의 셋째 아들 관석이 출생했다. 유관순은 아홉살, 바로 아래 인석은 일곱살이 되었다.

유관순의 숙부 유중무의 아들인 유경석이 1910년에 공주 영명학교에 입학했다. 그는 1912년 보통과를 마치고 이어 같은 학교의 고등과로 진학했다. 곧이어 유관순의 오빠 유우석이 1912년부터 홍호학교를 다니기 시작해 1915년에 졸업했다. 뒤에 3·1운동에 참여하는 갈전면 병천리의 이종성은 1914년 목천공립보통학교에 입학했다. 이종성은 1901년생으로 유관순보다 한 살 위이고 유우석보다는 2살 아래였다.

3
이화학당

앨리스 햄몬드 샤프 부인 | 사람들이 '사부인'이라 불렀던 선교사 부인은 높고 반듯한 이마에 꽉 다문 입, 둥근 테의 안경 뒤에 깊고 푸른 눈동자를 가졌다. 얼른 보면 다소 엄격하게 보이는 인상이나 뜨거운 열정과 헌신적인 마음을 가진 여성이었다.

그녀의 본명은 앨리스 제이 햄몬드(Alice J. Hammond)였다. 1900년에 한국에 선교사로 와서 그녀보다 후에 온 감리교 목사 로버트 아더 샤프(Robert Arthur Sharp)와 결혼해 앨리스 햄몬드 샤프 부인이 된 까닭에 우리 이름으로 사애리시史愛理施 부인, 즉 '사부인'으로 불리게 되었다.

1906년 2월 논산·강경 등지로 전도여행을 간 샤프 목사는 갑자기 진눈깨비를 만났다. 그는 작은 초가집을 발견하고 그리로 달려가 진눈깨비를 피했다. 그러나 그 집은 발진티푸스를 앓다가 죽은 사람을 막 장사지낸 집이었다. 샤프 목사는 발진티푸스에 걸려 3월 15일 34세의 젊은 나이에 결혼한 지 얼마 되지 않은 아내를 남겨놓고 사망했다. 충격과 슬픔을 이기지 못하고 사애리시 부인은 본국으로 돌아갔다. 그녀가 돌아

|앨리스 햄몬드 샤프 부인

가던 날 교회와 영명학당은 눈물바다가
되었다.

　2년 후인 1908년 8월 사애리시 부인
은 남편을 묻은 공주를 잊지 못해 돌아왔
다. 그녀는 타계한 남편 샤프 목사의 뜻을
받들기 위해 협산자교회挾傘者敎會 여집사직
을 맡아 열과 성을 다해 선교활동을 하며
한편으로 교육사업에 대한 열의를 불태웠
다. 그녀는 강경·논산 등에서도 교육사업
을 펼쳐 강경에 만동萬東여학교, 논산에 영
화永化여학교를 세웠고, 1935년에는 공주에 원명서당元明書堂을 건립했다.
그녀는 일제 당국의 강제 출국령을 받고 미국으로 돌아갈 때까지 33년
간 공주지역을 중심으로 선교와 교육 사업에 열과 성을 바쳤다.

　유관순이 10살 때인 1912년 사애리시 부인이 얼마나 열정적으로 일
했는가를 말해주는 스웨어러 선교사의 보고서가 있다.

　샤프 부인은 여행을 아주 많이 하여서 우리에게는 거의 타인과 마찬가지
　이다. 내가 가는 어느 교회에서나 그곳 여신도들은 샤프 부인에 대해 이
　야기하면서 그녀의 방문을 자신들이 얼마나 좋아하는지를 말하고 또 그
　녀가 곧 다시 방문해 주기를 바라고 있다고 말한다.…… 그녀는 거의 동
　시에 두세 곳에 있는 것 같다.

당시 감리교회는 공주에 있는 선교사들이 말을 타고 각지 교회를 순행하며 관리하였다. 사부인도 그런 선교사의 한 사람으로 말을 타고 순행을 하며 한 지역에 며칠씩 묵으며 성경을 가르쳤다. 성경공부는 어른과 아이들이 다같이 교회에 모여서 했다. 공부가 끝난 뒤에는 문답시간을 가지곤 하였다.

| 미국유학 당시의 조병옥

1914년 조병옥은 평양의 숭실학교를 마치고 태평양을 건너 미국으로 유학을 떠났다. 유중무 집에서는 큰아들 경석이 1910년 15세에 영명학교 보통과에 들어가 이제는 고등과 과정을 마친 20세 청년이 되었다. 큰집인 유중권 집에서는 장남 우석이 병천의 흥호학교를 마치고 1915년부터는 감리교에서 운영하는 장명학교에서 청년지사 김구응 선생의 가르침을 받고 있었다.

유중권과 유중무는 아들들을 신식학교에 보내놓고 보니 딸들의 교육에 대한 생각이 간절해졌다. 이들 형제는 이제 세상이 지금까지 관습과는 달라져, 딸이 14~15세가 되면 시집을 보내는 시대가 아니라고 생각하고 있었다. 1915년 유관순은 13세였지만, 16~17세로 보일 만큼 키가 컸으며, 매사에 적극적이고 총명했다.

사애리시 부인은 특히 여성교육에 큰 관심을 가지고 있었기 때문에 순행을 하면서 각 교회의 똑똑한 여학생을 주목하여 관찰했다. 여성교육의 필요성에 대해 강한 확신과 의욕을 가지고 있었던 사에리시 부인은 지령리교회의 유예도와 유관순을 주목했다. 사에리시 부인은 유관순을 공주로 데려갔다. 일찍이 혼자가 된 사에리시 부인은 가정이 어려운 유관순을 친딸처럼 생각했다. 이때가 1914년으로 추정되며, 유관순을 1년 정도 영명학교를 다녔다.

경기도 하남시 통일정사의 여승인 보각 스님은 이화학당 기숙사에서 만 5년간 유관순·유예도와 한 방을 사용해 왔다. 그녀가 유관순을 처음 만난 것은 유관순이 보통과 2학년으로 편입해 올 때였고, 자신은 후에 이 학교 교장을 지낸 서명학과 같이 그때 보통과 3학년이었다고 한다. 보각 스님의 증언에 따르면 유관순은 1915년에 이화학당 2학년으로 편입했다.

이화여자고등학교가 펴낸 『이화백년사』에 유관순은 1916년에 이화학당 보통과에 편입한 것으로 되어 있다. 하지만 같은 책 171쪽에서는 '유관순 열사의 어록'에 나오는 "나는 학교에서 청소를 해서라도 도움을 받은 것을 갚겠다"는 말을 1915년(1915년 3월 이화학당 교비생으로 공부할 때)에 이화학당에서 했던 말로 밝히고 있다.

이화학당 생활 | 유관순이 다니게 된 이화학당은 설립 초 학생들에게 의복·침식·책, 기타 제반 경비를 지급했다. 그후 해마다 늘어나는 학생들을 다 수용할 수 없게 되자, 1899년부터 자기 집에서 통학하며 학비를 스스로 부담하는 학생들을

| 이화학당장 룰루 이 프라이

받게 되었다. 1908년 통학생은 15명, 기숙학생 97명 중 자비생은 19명, 일부 자비생은 70명이었으며, 교비생 17명에게 입학금을 받았다.

당시 입학금은 1원이었고 수업료는 보통과 10전, 고등과 30전, 중학과 50전, 대학과 1원이었다. 교비생과 목사의 딸들은 면제되었다. 기숙사 식비는 1개월에 3원이었고 매학기 기명器皿(그릇) 대금으로 20전을 징수했다.

교비생의 자격은 자비로 1학기를 다닌 후 성적을 평가한 결과 우수한 자에게 주어졌고, 부형이나 친척 중 감독이 될 만한 사람이 보증을 서야 했다. 교비생이 된 후 어느 과목이든 낙제를 하면, 더 공부하도록 학교를 그만둘 수 없게 되어 있었다.

유관순이 이화학당에서 만난 학당장 미스 프라이(Lulu E. Prey)는 독신으로 황금빛 머릿결과 푸른 눈을 가졌고, 체격이 크고 당당했다. 그러나 다른 외국인보다는 코가 높지 않아 한국인에게 친근감을 주었다. 본명이 룰루 이 프라이인 그녀는 1868년 3월 9일 미국 오하이오주 시드니 출신으로, 1885년 17세 때 벨폰테인학교(Belfontain School)를 졸업하면서 선교사가 될 결심을 했고 1892년 웨슬리안 대학(Wesleyan University)을 졸업했다.

1893년 3월 정식 선교사 임명을 받은 프라이는 10월 13일 한국에 왔

| 이화학당의 교사들

| 이화학당의 옛 건물

다. 도착하자마자 그녀는 한국어를 배우기 시작했고, 이화학당 교사로서 학당장 페인을 보좌했다. 교사로서 15년간 재임한 그녀는 1907년 제4대 학당장으로 취임했다. 유관순이 이화학당에 왔을 때 그녀는 이미 24~25년 한국에서 봉사하고 있었기 때문에 '반半 한국사람'이 되어 있었다.

유관순은 이화학당에 온 후, 우선 1890년대에 제정된 이화학당 기숙사 생활 규칙에 따라 생활하는 습관을 익혀야 했다. 8명이 함께 쓰는 기숙사방에서 사촌언니 예도와 한 방에서 생활하게 돼 유관순은 적이 안심이 되었다.

기숙사 사감 하란사 선생은 검정 바탕에 '모든 일을 단정히 하고 규칙을 따라 행하라'고 쓴 자개글씨 액자를 식당 벽에 걸어 두었다.

당시 학교 측은 기숙사와 복도를 오가며 종을 흔들어 기상시간이나 수업시간을 알렸다. 오전 8시에 종소리가 울리면 식당에서 아침밥을 먹었고, 수업은 오전 8시 20분에 시작되어 오후 4시까지 계속됐다. 오후 5시에 저녁식사를 했고, 7시에 기도회를 열었으며, 저녁 9시에 등불을 끄고 잠자리에 들었다. 자리에 누우면 교사들이 자리옷을 입고 누웠는지 조사했다.

유관순은 규칙에 따라 아침 7시에 기상 종소리를 듣고 일어나 누구보다도 솔선해 방을 쓸고 닦아 깨끗이 하려고 노력했다. 일을 두고 보는 성격이 아니었기 때문이다. 학생들은 각자 자신의 밥그릇·숟가락·젓가락을 가지고 낮은 식탁 주위에 둘러 앉아 교사의 인도로 기도를 마친 뒤 상을 차렸다. 각 테이블마다 학생 한 명이 상차림을 맡았으며, 상차

| 이화학당의 수업 광경

| 이화학당의 수업 광경

림 당번은 일주일씩 돌아가며 했다.

식당 부엌에는 큰 밥솥 가마 하나와 국이나 찌개를 끓이는 다른 가마솥이 하나 있었으며 장작으로 불을 때 음식을 지었다. 그러므로 식당 바닥은 뜨끈뜨끈했고, 아랫목은 절절 끓었다. 당번은 밥통에 밥을 담아 큰 그릇에 담긴 김치와 함께 식탁으로 가져왔다.

보통과에는 매일 성경시간이 있었고 '국어', 즉 일본어와 우리말인 조선어, 한문·산술·찬송가·도화(미술)·재봉 수예·체조 등의 교과목으로 4년간 교과과정이 짜여 있었다. 3학년 때부터는 이과가 있어 자연계의 사물현상과 그 이용에 대해 배웠다. 보통과 과목은 그다지 어렵지 않았을 것으로 보인다. 유관순은 보통과 2학년에 들어갔고 3학년때 산술 같은 경우 덧셈, 뺄셈, 곱셈과 나눗셈, 주산을 배웠고, 4학년에 가서 소수와 분수, 주산을 배웠다.

당시 한국에서는 생소한 소프라노·메조소프라노·알토 등 성부를 나누어 화음을 이루는 합창이라는 것도 이화학당에 와서 처음 하게 되었다. 당시에 즐겨 불렀던 합창곡은 포스터의 '올드 블랙 조', '켄터키 옛집' 등이었다. 체육시간에는 농구·실내 야구·배구·테니스 등을 배웠다.

토요일과 일요일에는 수업이 없어 유관순을 비롯한 학생들은 학습부담에서 벗어나 잠시 해방감을 맛보곤 했다. 어린 학생들은 주로 놀고, 나이 든 학생들은 바느질이나 기숙사의 일을 거들었다. 토요일은 정동교회의 주일 예배에 참석할 준비, 기숙사 대청소, 빨래와 다듬이질 등으로 가장 바쁜 날이었다. 다리미질과 바느질은 간단하지 않았다.

겨울에는 겉에 10~12조각, 안감에 7조각의 솜이나 명주를 넣은 저

| 어깨허리치마를 입고 체조하는 월터 선생의 체육시간

| 이화학당 시절의 유관순(뒷줄 오른쪽 끝)

고리를 입었는데, 저고리가 더러워지면 뜯어서 솜을 떼어내고, 저고리를 빨아야 했다. 마르면 다듬이질을 해서 숯다리미로 다렸다. 일주일에 한 조씩 교실과 예배실, 강당과 계단, 화장실 청소, 머리감기, 수업준비 등이 토요일에 할 일들이었다.

일요일이 되면 유관순은 단정한 옷차림을 하고 교정의 샛문을 통해 정동교회로 갔다. 이화학당 학생들이 정동교회로 줄 지어 갈 때 색색의 옷과 긴 머리에 묶은 붉은 댕기가 바람에 나부꼈다. 이화학당과 정동교회는 담 하나를 사이에 두고 붙어 있었다. 교사들은 혹시 학생들 가운데 얼굴에 분을 바른 학생이 있지 않나 하여 일일이 얼굴을 조사해 분 바른 학생들은 예배에 참석하지 못하게 했고, 벌로 일주일 동안 밥을 짓게 했다.

일요일 오후에는 책을 읽거나 낮잠을 자기도 하고, 편지를 쓰고, 소곤소곤 잡담을 하기도 한다. 저녁밥을 식당에서 먹고 교회에서 저녁 예배를 보면 일요일의 일과가 끝났다.

기숙사에는 수세식 화장실, 냉온수가 항상 나오는 목욕탕, 스팀 시설이 갖추어져 있었다. 하란사 선생은 학생들에게 항상 흰 손수건을 왼쪽 소매 안에 넣고 다니도록 했다. 기침이나 재채기가 날 때는 얼른 손수건을 꺼내 입을 가리게 했다. 1911년 영어와 체육담당 교사 월터는 체조 시간에 치마가 가슴을 꽉 조이는 불편을 없애기 위해 '어깨허리치마'를 고안해서 입게 했다. 유관순은 흰 저고리에 회색 어깨허리치마를 입고 다녔다. 치마는 통치마에서 다시 주름이 거의 없는 평치마로 간편화되었다.

머리는 길러서 땋아 허리까지 늘어뜨리는 것이 일반적이었는데, 조회시간이나 체조할 때는 불편하므로 흰 리본이나 빨간 리본으로 머리를 매게 했다. 댕기도 점차 짧아졌고, 갑사댕기보다 검정색 토막댕기가 유행했다.

신발은 처음에는 짚신·미투리를 신고 비 올 때는 나막신을 신었는데, 이후 일부 학생들은 징 박은 가죽신을 신었고, 다시 더 간편한 경제화(운동화)를 신게 되었다.

월요일은 세탁일이었다. 매주 월요일마다 리어커꾼이 와서 세탁물을 실어갔다. 세탁꾼은 세검정 냇물에서 세탁물들을 빨아 말려 토요일에 가져왔다. 세탁물이 오면 하란사 선생이 옷에 씌어 있는 대로 이름을 불렀다. 한 방에 한 학생씩 돌아가며 식당에 둥글게 모여 앉아 있다가 그 방 사람들 빨래를 가져 왔다.

유관순이 입학했을 때 이화학당은 유치원을 포함해 보통과(4년), 고등과(4년), 중학과(4년), 대학과(5년)의 과정이 있는 학생수 600명의 종합학원이었다. 대학과는 1910년에 설치되었다. 유관순이 보통과를 마치고 고등과로 진급하던 해에 보통과는 4년제 이화보통학교로, 고등과는 3년제 이화고등보통학교로 각각 분리되었다.

학년은 4월 1일에 시작해 다음해 3월 31일에 끝나는 일본 학제를 따랐고, 한 학년은 3학기제였다. 제1학기는 4월 1일에서 8월 31일까지, 제2학기는 9월 1일부터 12월 31일까지, 제3학기는 1월 1일부터 3월 31일까지였다. 여름방학은 6월 16일부터 9월 14일까지 석달간, 겨울방학은 12월 25일부터 1월 5일까지 12일, 봄방학은 3월 21일부터 31일까지 11일간이었다. 방학은 미국식으로 여름방학이 길고 겨울방학이 아

주 짧았다. 입학은 학년 초에 하나, 때에 따라서는 수시로 입학을 허가
할 수도 있었다. 보통과에 입학하려면 8세 이상이어야 했다.

5월 31일이면 축제가 열렸다. 이화학당 개교 기념 축제였다. 5월의
여왕이라고 하여 메이퀸을 선발하고 5월의 기둥인 메이폴을 세워 여러
꽃으로 장식하였다. 이 메이폴 주위를 돌며 춤을 추고, 다과와 즐거운
오락을 즐겼다. 이때에는 구경꾼들이 학교 담 너머까지 빽빽하게 들어
차서 대혼잡을 이루었다.

이화학당에 온 첫 해 가을, 유관순은 식당 밖 넓은 마당 한쪽에 김장
무와 배추가 산더미처럼 쌓이는 것을 보고 놀랐다. 10월 말에는 김장방
학이 있었다. 일주일간 방학을 하는데, 학생들은 교사들을 도와 겨울 동
안의 먹거리를 준비했다. 유관순도 다른 학생들과 함께 우선 일주일간
쓸 칼을 택해 칼자루에 이름을 새기고 앞치마도 준비했다. 식탁을 모두
마당에 내다 놓고 무를 써는 학생, 배추 소를 만들고 버무리는 학생, 절
인 배추에 소를 넣는 학생, 소를 넣은 배추를 광으로 나르는 학생, 광에
서 그것을 받아 항아리에 넣는 학생으로 나누어 분업적으로 일을 했다.

학생들이 배추 고갱이에 양념을 싸서 먹으려 하면 선생님은 "아무개,
배추 고갱이 먹지 말아" 소리지르곤 했다. 새우젓을 도마 위에 쏟아놓
고 대여섯 명의 학생들이 둘러앉아 칼로 장단을 맞추며 다지면서 다음
과 같은 노래를 부르며 즐거워했다.

일년 공부 다 잘하고 방학날이 다달았으니
친애하는 우리 학우들 친절한 뜻이 더욱 가깝다.

건넛집 일남이는 가난하여서
하루에 죽 한끼도 어렵습니다.
그애는 지금 겨우 열두 살인데
소학교 삼학년에 첫째랍니다.

이화 학생들은 자신들의 학교를 '이화동산'이라 불렀다. 그곳에 존경
하는 선생님과 우애 깊은 친구들이 있었으며, 신앙과 학문을 함께 추구
하고, 이웃을 생각하며 꿈을 키웠고, 봉사와 의미있는 인생에 도전할 수
있는 격려와 기회의 문이 열려 있었다.

| 하란사

유관순은 생김새가 투박하였으나 천성이 남을 돕기를 좋아해 학교에 들어와서도 어려운 청소를 도맡아 하고 기숙사비를 내지 못해 괴로워하는 친구들의 식비를 대신 내주기도 했다. 그러고는 자기 식비를 못내 학교에 미안한 마음이 들자 일부러 배가 아프다고 핑계를 대고 식당에 밥을 먹으러 가지 않았다.

몹시 추운 날 밤, "갈돕만두가 호야호야!" 기숙사 담장 밖으로 고학생들이 하는 만두 파는 소리가 처량하여 "다른 데 쓸 돈을 절약하고라도……" 하며 기숙사에서 일어나 나가 담을 넘어 만두를 한 보따리 사 들어오다 사감에게 들켜 꾸중을 들은 적도 있다.

사감 하란사 선생은 철없는 학생들이 규칙이나 예의에 어긋나는 행동을 할 경우 욕바가지를 퍼붓는 성격이었다. 그녀는 이화학당을 나온 후 1900년부터 1년간 일본 유학을 하고, 1902년에는 미국 유학까지 간 여성이다. 그런 인텔리 여성이 학생들에게는 '욕쟁이 선생님'으로 소문 나 있었다.

선생은 초대 교사로 학생들에게는 선생님이라기보다 엄한 어머니같이 구셨던 인상깊은 선생님이다. 공부를 잘 안한다고 욕, 댕기를 머리 끝에다 물려드린다고도 욕, 예뻐도 욕, 미워도 욕, 욕설을 잘하시기로 유명했다. 당시 이화학당 졸업생이면 하란사 선생님에게서 욕을 안들은 분이 드물 정도였다. 그저 늘 꾸지람이었고 호랑이 선생이 되다 보니 선생님이 옆으로만 다가와도 학생들은 잘못한 것이 있는가 하여 가슴이 철렁 내려앉았다.

장난기 많은 유관순은 호랑이 사감 선생 눈을 피해 식당에서는 김치를 손으로 찢어 입을 크게 벌리고 얼른 입안에 넣어 먹기도 했고, 계단을 내려올 때 사내아이들처럼 난간에 걸터앉아 미끄럼을 타며 내려오기도 하였다(이화학당 출신인 김혜정 여사의 증언으로 김 여사의 딸인 박용옥 교수의 전언). 놀이로는 친구들과 깨금뛰기, 진잡기, 돌을 세워 놓고 쓰러뜨리는 비자치기, 공기놀음 등을 재미있게 하곤 했다.

유관순은 무슨 일을 하면 열심히 하고 안하면 딱 안하는 정확하고 똑부러진 성격이었고, 부지런했다. 그런 면에서 같은 방을 사용하고 있는 이정수와는 성격과 취미가 똑같았다. 그래서 붙은 별명이 '벼락대신'이었다. 그런 둘을 보고 유예도는 "너희들은 어째 꼭 쌍둥이 같다."고 말하곤 했다. 화단을 가꾸거나 반 별로 일을 할 때 이런 성격을 가진 유관순과 이정수의 반이 항상 1등했다.

이화학당의 전 교직원과 학생은 매일 30분간 기도실에서 찬송과 기도를 하고 설교 말씀을 들으며 신앙심을 키웠다. 이화학당 시절 유관순은 열심히 기도하기로 유명했다. 유관순은 하루도 거르지 않고 새벽과 밤중에 기도실에 들어가 혼자 기도했다.

이정수(보각 스님)는 유관순과 함께 생활했던 기숙사 36호실에서 있었던 사건 하나를 말해 주었다. 자기 전에 기도 종이 울리면 방에 있는 사람들이 돌아가며 기도를 하게 되어 있었다. 유관순이 기도하는 날이었다. 유관순은 기도를 끝낼 때 "예수님의 이름으로 빕니다"라고 해야 하는 것을 "명태 이름으로 빕니다"라고 하였다. 같은 방 학생들이 모두 배를 잡고 웃었다. 기숙사를 돌던 사감이 갑자기 웃음소리가 터진 유관순의 방으로 왔다. 사감 선생은 그 방 학생 전부에게 품행점수 갑을병정 중 낙제점을 주었다. 그 벌로 유관순의 방문에는 한 달간 빨간딱지가 붙었다.

"아이고 계집애, 왜 명태 이름으로 빈다고 했니?"

"이정수네 집에서 부쳐준 명태반찬이 하도 맛있어서, 그 명태 생각이 나서 예수님 이름으로 빈다는 걸 명태 이름으로 빈 거야."

유관순의 해명에 다시 한 번 배를 잡고 웃었다. 이정수는 같은 기숙사 방에 있지만 학년과 반이 다른 유관순을 위해 집에서 소포로 부쳐 온 명태를 따로 떼어 주었다. 그들은 학년은 한 학년 차이가 있었지만 기숙사 방 동료 중에서 가장 친하게 지냈다.

어느 날 일본어 시간이었다.

"유관순, 일어나서 「교육에 관한 칙어」를 외워봐요."

일본어 교사가 유관순에게 일본 국왕이 내린 교육에 관한 칙어를 외워보라고 한 것이다. 유관순은 일본인들이 받들어 모시는 그런 내용을 외우고 싶지 않았고, 외우려고 생각지도 않아 왔다. 얼굴이 빨갛게 달아오른 유관순은 나이 차이 때문에 평소에 어린애 같아 잘 상대하지 않았던 옆자리의 정복희를 바라봤다.

정복희는 1918년에 11세의 나이로 이화학당에 입학했다. 유관순보다 여섯 살이나 아래로, 그 나이 또래는 동갑내기 두 명뿐이었다. 유관순이 이때 정복희를 본 것은 정복희 또래들만 학교에서 외우라는 「교육에 관한 칙어」를 수첩에 적어 다니며 줄줄 외우고 있었기 때문이다. 유관순은 정복희가 나직한 소리로 불러주는 칙어를 따라 읊어 벌을 모면할 수 있었다.

방학이 되면 유관순은 사촌 유예도, 아산에서 온 김복희, 청양에서 온 이정수 등과 함께 남대문역에서 기차를 타고 천안까지 왔다. 이정수는 대전까지 계속 타고 가야 했고, 김복희와는 천안역에서 내려서 헤어졌다. 방학에 고향에 내려오면 그리운 가족들, 고향 친구들과 만날 수 있었다. 공주 영명학교에 간 오빠 우석도 이때면 집에 와서 오랜만에 가족들이 다 모일 수 있었다. 유관순은 검정치마에 흰 저고리를 입고 길게 땋아 내린 머리끝에 빨간 갑사댕기를 매고, 갓신 모양의 가죽신을 신고 고향으로 내려왔다. 오빠 우석은 동생이 서울에서 신고 내려온 신발이 신기하기도 하고 괴상하기도 하여 물었다.

"얘, 네가 신고 있는 신발이 뭔 신발이야?"

"가죽으로 만든 갓신이야."

유관순은 집에 들어서면 무명 저고리로 갈아입고 방안에 들어앉아 십장생 수를 놓는 시간이 많았는데, 수를 곧잘 놓았다. 유관순이 수를 잘 놓았다는 것은 서대문감옥에서 함께 수감생활을 했던 어윤희 여사가 한 말에서도 알 수 있다.

"그 감옥 안에서 일을 하는데 관순이가 모든 사람들한테 순진한 마음으로 대하면서 일을 했습니다. 모자 같은 것을 짜고 셔츠 같은 것을 뜨고 너무 충직스럽게 …… 하나를 뜨더라도 정성껏 해서 모든 사람들한

| 유관순이 조카 제경에게 주기 위해 실로 뜬 모자

테 신임을 받았습니다."

유관순이 보통과 4학년에 올라가기 직전인 1917년 2월 28일 유중무 숙부댁의 사촌 오빠 경석과 올케 노마리아 사이에서 첫 조카 제경이 태어났다. 유관순은 조카에게 줄 모자를 코바늘로 떠서 방학 때 가져 왔다. 조카 제경은 유관순이 선물한 이 모자를 어른들로부터 받아 85년 간직해 오다 지금은 병천의 유관순기념관에 전시되어 있다.

유관순은 방학 동안 사촌언니 예도, 영명학교에 다니는 오빠 우석과 함께 야학을 열어 마을 사람들에게 한글 강습을 하였다.

유관순은 1918년 3월 18일 이화학당 보통과 졸업식을 맞이했다. 그녀는 졸업식에서 입을 옥당목 하얀 치마저고리를 깨끗하게 빨아 다려놓았다. 그리고 그날 아침 조용히 일어나 기도실에 가서 보통과 과정을 잘 마칠 수 있었던 데 대해 감사의 기도를 드렸다. 이제 졸업식을 하고 나면 3월 31일까지 열하루 동안 봄방학에 들어가고, 봄방학이 끝나면 고등과로 진급할 예정이었다. 고등과는 고등보통학교로 바뀌어 유관순은 이화여자고등보통학교 1학년생이 되는 것이다.

졸업식은 항상 보통과·고등과·중학과·대학과가 함께 참여한 가운데 저녁 7시 정동예배당에서 거행되었다. 졸업식날이 되면 전교생이 모두 흰 옷을 입고 예배당 문 밖에 줄을 서서 기다리고 있다가 예배당 안

| 유관순의 이화학당보통과 졸업 사진으로 추정되는 사진(1918년경 맨뒷줄 오른쪽)

에서 음악소리가 들려오면 맨 앞 줄에 섰던 보통과 학생들이 들어가고, 그 다음 고등과와 중학과 순으로 들어갔으며, 맨 마지막에 가운을 입고 사각모를 쓴 대학과 졸업생이 입장했다. 이날 대학과의 졸업생은 한 사람이었는데, 후에 이화여자대학교 총장이 된 김활란이었다. 청중은 일제히 일어나 엄숙히 서서 이들이 들어오는 것을 지켜보았고, 감동으로 눈물을 훔치는 사람도 있었다.

졸업식의 전통에 따라 대학 졸업생 김활란이 졸업연설을 했다. 「여자의 고등교육과 가정의 관계」라는 제목으로, 영어와 우리말 연설이었다. 유관순은 선배 언니의 연설을 들으면서 나도 언젠가 저 자리에 서야겠다는 각오를 다졌다.

정동교회

손정도 시대의 정동교회는 청년교회이자 학생교회였다. 그는 청년학생들에게 어지러운 사회를 바로잡는 주인이 되어야 하며, 그러기 위해서는 생명력을 가져야 한다고 열정적으로 호소하였다. 기독교정신과 독립정신은 일제하의 피 끓는 청년학생들에게 나라와 민족과 신앙을 위해 헌신하고자 하는 의지를 불태우게 했다. 청년들이 모여 들었고 그들은 손정도 목사를 신뢰하고 존경하였다.

유관순은 1915년 이화학당에 온 때부터 손정도 목사가 1918년 6월 정동교회를 떠나 본격적인 민족독립운동에 나설 때까지 만 3년간, 일요일이면 정동교회 예배에 참석했다. 그녀는 이화와 배재 학생들에게 특히 열성을 기울인 손정도 목사로부터 많은 영향을 받았다. 애국적 열정으로 가득 찬 손정도 목사의 설교에 감동한 애국지사들과 새 신자들이 확장된 교회를 가득 메웠다.

손정도는 3·1운동이 일어나기 전에 상해로 망명하여 상해의 대한민국임시의정원 의장에 선출됐으며 상해·길림·봉천·북경 등지에서 독립운동을 하다 1931년 망명지에서 생애를 마쳤다.

유관순이 고등보통과 1학년 때 석달간의 여름방학을 마치고 학교로 돌아오자 손정도 후임으로 이필주 목사가 부임해

| 손정도 목사

| 정동교회

| 정동교회 예배 후에 촬영한 이화와 배재 학생들과 성인들

| 이필주 목사

있었다. 1918년 6월 감리교에서 파송된 이필주 목사는 8개월 후 3·1운동 때 천도교의 손병희, 장로교의 길선주와 함께 감리교를 대표하여 독립선언서의 민족대표가 되었다. 새 담임목사 이필주는 기독교로 개종할 때 거듭남을 체험했기 때문에 두려움이 없었다. 그는 이렇게 고백했다.

"나는 내가 민족을 위해서 할 가장 으뜸이 되는 일이 무엇인가를 항상 염두에 두어 왔습니다. 내가 이 민족을 구해낼 수만 있다면 열 번, 백 번일지라도 기꺼이 죽을 각오였습니다."

이와 같은 헌신적 지도자의 영향 속에서 유관순은 기숙사 청소든 무슨 일이든 스스로 찾아서 했다. 때로는 생사의 집착을 버린 듯한 말을 하기도 하였다. 친구들끼리 놀다가 서로 다투며 핏대를 올리면, 유관순은 다음과 같이 말하곤 했다.

"그래 그만둬, 그까짓 얼마나 살자구, 속을 썩이면서 놀겠니?"

"웬 욕심들이 그리두 많니? 너흰 퍽두 오래 살려나 보다……."

"애 그럼 넌 열여섯 살만 살래?"

"그야 누가 아니? 열여섯만 살지, 열일곱만 살지, 내년에 죽을지."

그러면 친구들은 "저 계집애, 방정맞은 말 한다"고 핀잔을 주었다.

이화학당 학생들은 이런 토양 속에 자라고 있었기 때문에 한민족으

로서 자존심과 여성 선각자라는 의식과
함께 일본에 대한 적개심이 강렬하였다.
아산 출신의 김복희는 학생들의 분위기를
다음과 같이 전했다.

| 안창호 목사

  "당시 우리나라는 일본 제국주의의 폭
정 밑에서 고통과 굴욕을 밥 먹듯이 하며
살아야 했습니다. 따라서 우리 민족의 일
본에 대한 나쁜 감정은 극에 이르러 있었
고, 더욱이 신학문을 배우던 당시의 이화
학당 학생들의 반일감정은 정말로 날카로
웠습니다. 대부분 17~18세의 나이였던 이화학당(이화고등보통학교)의 학
생들은 일본에 대하여 극도의 혐오감을 가지고 있었습니다."

  한편 유관순이 이화학당 보통과 4학년 졸업반 시기이던 1917년 공
주에 있던 안창호 목사가 천안에 부임했다. 안창호 목사는 도산 안창호
선생과 다른 사람이다. 목사가 천안에 부임해 왔을 때 천안 주변 지역
인 아산·해미·논산·진천·음성·예산·연기·목천·병천 등지에는 교
회가 있었으나 정작 1000여 가구가 사는 천안에는 교회가 없었다. 1915년
공주에서 이 지역을 순회 전도하던 안창호 목사와 부인 최배세崔培世
(Bessie)는 1000호가 넘는 천안에 교인 가정 하나 없음을 안타깝게 여기
고 이듬해인 1916년 천안 읍내에 셋집을 구해서 전도를 시작했다. 3개
월도 안되어 교인 50명이 천안 읍내에서 생겨났다. 1년 뒤 안창호 목사
는 천안읍에서 가장 번화한 읍내리에 땅 800평과 11칸짜리 집을 사서

8칸을 교회당으로 사용했다. 그후 천안읍 감리교회는 급속히 발전하여 1918년 천안지방회를 조직했다.

충청도 일대의 선교사업 종사자들에게 천안교회는 정거장이 되었다. 으레 천안에 오면 역에서 가까운 천안교회에 들러 안창호 목사를 만나고 쉬어 갔다. 이런 까닭에 안창호 목사와 천안교회는 물론 병천·양대·공주·온양 등도 독립운동의 중심이 되었다.

안창호 목사의 장녀인 안인서의 말에 따르면 유관순도 천안에 올 때마다 천안교회를 다녀갔다. 안 목사는 3·1운동 후 유관순 집안이 풍비박산되었을 때 부모를 잃고 오갈 데 없이 된 유관순의 두 남동생 인석과 관석을 보살펴 주었다. 또한 안창호 목사는 공주에서 봉사하면서 공주 영명학교에서 공부하던 유관순의 사촌오빠 경석과 올케가 된 노마리아, 친오빠 우석 등의 신앙생활을 지도하기도 했다.

광무황제의 붕어 | 유관순이 겨울방학을 끝내고 서울에 온 지 보름 정도 지난 1919년 1월 21일 아침 이었다. 유관순은 그날따라 이화학당에서 보이는 덕수궁 안팎이 수선스럽다고 느꼈다. 궁 안에서는 평소와 달리 나인들과 양복 입은 사람들이 왔다갔다 부산하게 움직이고 있었다. '무슨 일이 있는 걸까?' 유관순은 뭔가 평소와 다르다고 생각했다.

그날 오후 이화학당 서양 교사들의 식당에서 프라이 학당장과 신흥우와 차를 마시고 있을 때 하란사 선생이 문을 열고 들어섰다. 그녀의

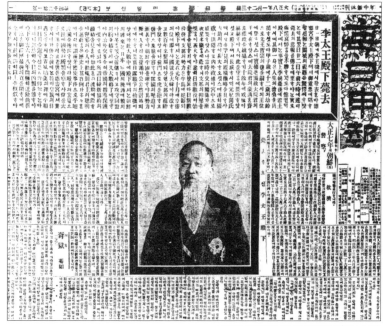

| 광무황제 서거를 보도한 『매일신보』(1919. 1. 22)

얼굴은 새파랗게 질려 있었다. 잠시 그녀는 침이 말라 말을 못하다가 겨
우 입을 떼었다.

"대황제께서 돌아가셨습니다."

총독부는 광무황제가 하루 전날인 1월 21일 서거했으나, 1919년 1월
22일 광무(고종)황제가 승하했다고 공식 발표했다. 일본의 정략에 의해
일본에 끌려간 셋째 황태자 영친왕 이은(李垠)과 일본 왕실의 니시모토 마
사코(이방자)의 혼례가 며칠 뒤인 1월 25일로 예정되어 있었다. 이에 따
라 일본 정부와 조선총독부는 서거 사실을 감추고 결혼식을 먼저 할 것
인가를 검토하다 결국 결혼식을 1년 뒤로 미루고 1월 22일 광무황제

| 광무황제의 서거를 애도하는 군중들

| 광무황제 국상 운구 장면과 장의 행렬

의 붕어를 발표했다.

광무황제의 갑작스러운 죽음은 국민 모두에게 충격이었다.

유신영이라는 노인은 이 슬픈 소식을 듣고 스스로 목숨을 끊었다. 그가 남긴 유서가 독립기념관에 있는데, 이 유서에서 당시 우리 국민이 느낀 충격과 민족적 슬픔의 일단을 엿볼 수 있다.

"나라가 없으나 임금은 있어 복국(나라를 되찾는 것 : 필자)될까 기다렸더니 시방은 상황 돌아감이 쓸 데 없으니 어찌 사노. 이러므로 인산날로 죽기 작정하니 세상은 하직이로다. ……"

총독부 당국은 광무황제의 사망원인을 뇌일혈이라고 발표했다. 그러나 을사늑약을 승인한 바 없으며, 헤이그특사사건으로 일제에 의해 강제 양위를 당하고 절치부심하던 황제의 갑작스러운 죽음은 여러 가지 추측과 의혹을 불러일으켰다.

일반인들에게 '독살설'이 퍼져 나갔다. 광무황제가 일본인들에 의해 독살 당했다는 것이다. 이 소문은 식민지 지배하의 민족적 울분을 촉발시켰으며, 이로 인해 배일사상이 갑자기 비등했다.

일본인들은 조선인들이 승하한 광무황제에 대하여 충성심을 보이자 깜짝 놀랐다. 일제는 전국의 모든 관리들에게 소요의 조짐이 있는지 잘 감시하라는 비밀 지령을 내렸다. 또한 최대한 빨리 조선인들의 눈과 마음속에서 충성의 대상을 제거하기 위해 서둘러 장례를 진행하려 하였다.

지방마다 주민들은 흰 갓을 쓰고 양반·유생 주도하에 황제의 죽음을 추도하는 망곡식望哭式을 행하였는데 경북지방 1부 23군에서만 230개소에서 망곡식이 거행되었다. 3월 3일 국장일이 결정되자 황제의 국장을 참관하기 위해 지방에서 상경하는 사람들이 줄을 이었다. 멀리는 경남·전남지방으로부터 양반·유생·기타 지방 유력자 등 상경하는 자가 뒤를 이었고, 기차를 탈 수 없어 밤길을 걸어서 상경한 사람도 적지 않았다 또 교통이 불편한 지역에서는 5~6명씩이나 10여 명씩 단체로 상경했으며, 배를 타고 서울로 향하는 사람도 적지 않았다.

당시 20대 초반이던 국어학자 이희승은 3월 3일 있을 광무(고종)황제의 국장을 보기 위해 서울에 모여든 지방 사람들에 대해 다음과 같이 기록했다.

"서울 시내에서는 이 많은 사람들을 수용할 길이 없어, 여관은 물론 초만원이요, 연줄이 닿는 친지의 내방으로 인하여 누구의 가정에서나 손님 사태로 정신을 차릴 수 없는 지경이었다. 그러고도, 시내의 대소 도로의 노면에는 노숙하는 사람들이 또한 굉장히 많았다.

당시에는 국상에 남자는 흰 삿갓에 흰 두루마기를 입었으며, 여자들도 흰 저고리 흰 치마로 차리었으므로, 어디를 가나 인파를 이룬 곳은 순백 일색이었다. 그 광경은 만경창파萬頃蒼波가 아니라 실로 만경백파萬頃白波의 장관이었다."

4
1919년 3월 서울에서

민족대연합전선 | 애도의 분위기가 이어지는 동안 비밀리에
독립운동 계획이 진행되고 있었다. 시작은
그전이었다. 1919년 1월 20일 천도교 지도자인 권동진·오세창·최린
은 천도교 교주 손병희의 사저인 동대문 상춘원으로 찾아가 독립선언을
하고 독립운동을 일으키는 것을 허락해 줄 것을 요청했다. 오래 전부터
그러한 기회를 기다리고 있었던 손병희는 그 자리에서 흔쾌히 허락했
다. 이로써 독립운동의 추진은 본격화되기 시작했고, 그 자리에서 세 가
지 독립운동의 원칙이 결정되었다.

첫째, 독립운동을 대중화하여야 할 것.

둘째, 독립운동을 일원화하여야 할 것.

셋째, 독립운동을 비폭력으로 할 것.

이 밖에 구체적인 사항은 권동진·오세창·최린에게 위임되었다. 권
동진·오세창은 천도교 내부의 일을, 최린은 천도교 외부와 관계를 담당
하여 2월 초순부터 민족대연합전선을 결성하기 위해 본격적으로 다른

종교 지도자들과 접촉하기 시작했다.

한편 1919년 2월 초 해거름에 한 나그네가 평안북도 정주에 있는 남강 이승훈의 사랑방 문을 두드렸다. 독립선언을 위하여 연락 차 상해에서 온 선우혁이었다.

"선생님, 해외 독립운동가들이 파리강화회의를 계기로 독립운동을 전개하려 합니다."

| 남강 이승훈

선우혁의 말을 들은 남강은 무릎을 쳤다.

"이제야 죽을 자리가 생겼구나."

이승훈은 기뻐하며 곧 조카 이자경을 불렀다.

"얘, 급한 일이 생겼는데 팔아야겠다. 독립운동에 돈이 있어야 하니 나부터 내야겠다."

이승훈은 이자경에게 땅 여덟 마지기를 팔아 독립운동 자금을 마련토록 했다.

이승훈은 장로교 목사 양전백의 집에서 이명룡 장로, 유여대 목사, 김병조 목사 등과 함께 독립운동을 의논했다. 2월 14일에는 평양으로 가서 장로교 목사 길선주, 감리교 목사 신홍식 등과 독립운동 계획을 의논하고 상경 채비를 차렸다.

한편 서울의 감리교파에서는 기독교청년회YMCA 총무 박희도가 청년부 회원 김원벽을 통하여 서울 시내 전문학교 학생 대표들을 1919년 1월 27일 만나 독립운동준비를 협의했다. 서울의 장로교파에서도 이갑성이 2월 12일과 14일, 세브란스의학전문학교 구내 숙소에 전문학교 학생들을 모아놓고 독립운동을 의논했다.

대체로 이때까지 기독교 측은 천도교와 단합을 포기하고 기독교 단독으로 독립운동을 추진하며, 독립청원서를 제출하는 방식으로 독립운동을 하고, 연고에 따라 지역별로 분담하여 동지를 모운다는 데 합의해 가고 있었다.

2월 21일 최린이 이승훈이 은거하고 있던 집을 방문하여 독립운동 추진상황에 대한 의견을 교환했다. 이승훈은 기독교 측에서 곤란을 받고 있는 자금문제를 거론하며 3000~5000원가량의 자금을 천도교 측에서 융통해 줄 것을 요청하였다. 최린은 그날 저녁 상춘원의 손병희에게 이를 보고하고, 5000원을 융통해 주도록 허락을 받아 다음날 소격동의 이승훈 거처로 직접 전달했다.

2월 22일 저녁 최린의 집에서 만난 이승훈과 함태영은 천도교 측과 합동하고 천도교 측의 주장과 같이 독립선언서를 선포하기로 결정했다.

2월 24일 이승훈과 함태영은 다시 최린의 집에서 만나 독립운동의 추진방법에 대해 세부적인 합의를 보았다. 그 내용은 다음과 같다.

① 거사일은 3월 1일 오후 2시로 하고, 탑골공원에서 「독립선언서」를 낭독하여 독립을 선언한다.
② 독립선언서는 비밀리에 인쇄하여 서울에서는 독립선언 당일 군중에게 배포하여 만세를 부르게 하며, 지방에는 이를 나누어 전달한다.
③ 독립선언서를 각 지방에 분송할 때 서울에서의 일시 및 독립선언서

배포 절차를 전달하여 각 지방에서도 서울을 따르게 한다.

④ 독립선언서와 기타 문서의 기초와 독립선언서의 인쇄는 천도교 측에서 담당한다.

⑤ 독립선언서의 배포와 분송은 천도교 측과 기독교 측에서 각각 담당한다.

⑥ 일본 정부와 일본 귀족원·중의원의 양원에 보내는 통고문은 천도교 측에서 담당하여 보내고, 미국 대통령과 파리 평화회의의 각국 대표에게 보내는 청원서는 기독교 측에서 담당하여 보낸다.

⑦ 조선민족 대표로서 각 서면에 연명할 사람은 천도교와 기독교에서 각각 십수 명을 선정하도록 한다.

⑧ 독립운동 참가를 요구하고 있는 불교도도 연명에 참가시킨다.

최린은 기독교 측과 연대를 성사시킨 후 운동의 민족적 통일체를 완성하기 위하여 2월 24일 밤 서울 재동 43번지 한용운의 집을 방문했다. 그 결과 불교계선 민족불교의 확립과 불교 대중화에 노력하던 한용운과 백용성 두 사람이 참여하게 되었다. 특히 한용운은 월간지 『유심唯心』을 발간하면서 청년들의 계몽활동을 펴고 있었던 까닭에 불교계 청년들에게 큰 영향력을 가지고 있었다.

유림과의 연대는 초기에 유림의 대표격인 김윤식·윤용구 등에게 민족대표로 나서 줄 것을 교섭했으나 이들이 참가를 거절하거나 소극적이었고, 지방 유림의 대표격인 곽종석 등과 접촉을 시도했으나, 촉박한 시간과 일제의 삼엄한 감시 때문에 성사되지 못하였다. 이렇게 하여 유림이 참여하지 못한 가운데 천도교·기독교·불교 연합의 통일체가 이루어지게 되었다.

박희도와 이갑성은 1919년 1월 하순쯤 연희전문학교 김원벽, 보성전문학교 강기덕, 경성의학전문학교 한위건·김형기, 경성공업전문학교 주종의, 경성전수학교 김공후를 서울 시내 관수동 중국요리점 대관원에서 만나 독립운동에 학생들이 나설 것을 권유했다. 이갑성은 따로 2월 12일과 14일 음악회를 한다고 하면서 세브란스의학전문학교 구내 자택에서 김원벽·김형기·윤자영·김문진·배동석·한위건 등 전문학교 학생 지도자들을 불러 모아 독립운동 추진을 격려했다.

서울 시내 전문학교 학생 대표들은 2월 20일쯤 승동예배당에서 제1회 학생간부회의를 개최하고 다음 사항을 합의했다.

① 각 학교의 제1선 대표자로 전성득(경성전수학교)·김형기(경성의학전문학교)·김문진(세브란스의학전문학교)·김대우(경성공업전문학교)·강기덕(보성전문학교)·김원벽(연희전문학교)을 선정하여 각자가 그 학교를 대표한다.

② 위의 각 학교 대표가 일제 관헌에 체포되는 경우 뒷일을 처리하며 다른 방면의 독립운동을 계속하기 위하여 제2선 책임자로 이용설(세브란스의학전문학교)·한위건(경성의학전문학교)·윤자영(경성전수학교)·한창환(보성전문학교) 등을 선임한다.

③ 의 제1선 각 학교 대표들과 제2선 책임자들은 각 학교별로 각각 동창 학생들을 규합하여 독립운동을 추진한다.

2월 23일 박희도는 김원벽을 만나 각 학교 대표자들이 종교계 대표들과 연합하여 독립운동을 추진할 것을 종용하여 승낙을 얻었다. 학생단 대표들은 2월 25일 정동예배당 이필주 목사 방에서 모여 3월 1일 각 전문학교와 중등학생은 모두 탑골공원에 집합하여 시위운동에 참가하도록 하고, 그후 형편에 따라 전문학교 학생들을 중심으로 일대 시위운동을 전개할 것을 결의했다. 2월 26일에도 김문진·이용설·윤자영·김탁원·최경하·나창헌·박윤하·김영조 등과 기타 전문학교 대표자들이 이필주 목사의 집에 모여 제2회의 독립운동을 계획했다. 이들은 제1회, 제2회 독립운동에서 체포를 모면한 학생들은 뜻을 굽히지 말고 더욱 독립운동에 매진해 최후의 목적을 완수할 것을 결의했다.

학생단 대표 김원벽은 경신학교 강우열·강창준과 경성고등보통학교 박쾌인 등에게 독립운동에 참여하도록 부탁했다. 강기덕은 평안도·함경도 출신으로 조직된 서북친목회의 회원임을 활용하는 등의 방법으로 독립사상을 고취하여 계획한 날에 독립운동에 참여하도록 중등학교 학생들을 설득하였다. 각 중등학생들도 이에 찬성하여 그때가 오는 것을 고대하게 되었다. 이렇게 하여 학생단도 종교계와 함께 민족대연합전선에 합류하게 되었으며, 학생들은 민족대연합전선의 전위로서 3·1운동에 앞장서게 되었다.

1919년 3월 1일 연희전문학교 2학년생 정석해鄭錫海는 친구 이경화와 함께 예정시간보다 일찍 두근거리는 가슴을 안고 탑골공원으로 갔다. 날씨는 맑고 이른 봄치고는 따스한 햇살이 빛나고 있었다. 오후 2시가 다가오자 새까만 교복을 입은 전문학생·중학생들이 모여들기 시작했

| 3·1운동의 진원지 탑골공원의 팔각정

다. 정석해는 당시 상황을 이렇게 회고했다.

"새까만 학생들이 수없이 몰려들어 왔다. 어느새 공원 안은 입추의
여지없이 학생으로 꽉 차 있었다. 일이 일어나는구나 생각하니 나는 온
몸에 소름이 끼치며 긴장으로 가슴이 조여들었다.

공원을 메운 군중들이 웅성대기 시작했다. 긴장한 마음으로 무엇인
가를 기다리는 그들 앞에 아무 일도 일어나지 않고 그럴 만한 사람도 통
나타나지 않으니 마음이 초조하기는 모두 마찬가지였다. 나도 두리번거
리며 학생 대표 김원벽군을 찾았으나 그도 눈에 띄지 않았다. 내 짐작으
로는 군중들이 다 모이면 우선 민족대표들이 나와 독립을 선언하고 시
위행진을 하든지 다른 중대한 행동이 있을 것으로 생각했는데 도무지

그런 낌새가 없으니 불안하기 짝이 없었다. 이러다가는 모처럼의 거사가 실패로 돌아가지 않을까 하여 어린 마음에도 걱정이 되었다."

서울 경신학교 출신으로 고향 해주의 기독교 의창懿彰여학교 교감으로 있던 정재용鄭在鎔은 YMCA 학생간사로 있던 동향 출신 박희도의 연락을 받고 서울에 와서 3월 1일 학생 동원을 책임지고 있었는데, 전날 밤 박희도에게서 선언서 발표 장소가 변경됐다는 말을 들

| 태화관 별관 별유천지

었다. 그는 천재일우의 기회를 놓칠세라 염려하며 정오 때부터 탑골공원 안을 배회했다. 오후 1시쯤부터 탑골공원 북쪽 문을 통해 학생들이 차츰 모여들기 시작하더니, 삽시간에 공원 앞뒷문으로 수천 명이 구름처럼 운집했다. 모두들 원각사탑 또는 팔각정을 바라보며 두리번거리며 의아한 표정들을 지었다. 민족대표가 나타나지 않았기 때문이다. 정재용은 전날 밤 33인 중의 한 사람인 중앙예배당의 김창준金昌俊 목사로부터 원산 감리교회 곽명리郭明理 목사에게 선언서 100장을 전달해 달라는 부탁을 받았었다. 곽 목사는 그날 오후 열차편으로 서울에서 원산으로 돌아가려던 참이었다. 정재용은 선언서 100장을 손에 둘둘 말아 쥐고 남대문역(현 서울역)으로 나가던 중, 한 장을 뽑아 자기 호주머니에 간

| 민족대표 33인의 독립선언 장소 태화관 별관

| 민족대표 독립선언기록화(독립기념관 소장)

직했던 것이 생각났다.

사람들이 우왕좌왕하자 팔각정 층계 위에서 한 발짝 내려섰던 정재용은 다시 팔각정 계단 위로 올라가 호주머니에서 선언서를 꺼내어 낭독하기 시작했다.

"오등은 자에 아 조선의 독립국임과 조선인의 자주민임을 선언하노라.……"

공약 3장까지 낭독을 마치고 독립만세를 선창하자 학생들 모두 두 손을 높이 들고 "대한독립 만세!"를 외쳤다. 학생과 군중은 모자를 공중으로 날리고 발을 구르며 "으-아-" 하고 함성을 질렀다. 사람들은 "독립만세"를 부르며 남쪽 문을 통하여 나아갔다.

거리를 메운 시위대 국어학자 이희승李熙昇은 3월 1일 오후 1시쯤 회사 사무실에서 전화 한 통을 받았다. 수화기에서는 다음과 같은 음성이 흘러나왔다.

"파고다 공원에서 독립만세가 터졌다."

그는 하던 일을 제쳐 놓고 탑골공원으로 달려갔다. 그는 그날 본 서울거리를 다음과 같이 말했다.

"서울의 거리는 열광적인 '독립 만세'를 연달아 부르는 군중으로 가득찼다. 어느 틈에 만들었는지 종이로 만든 태극기의 물결, 대열 앞에는 학생들이 선두에 섰으며, 서울 시민들과 지방에서 올라 온 시골사람들이 이에 호응하였다.

| 덕수궁 광장을 가득 메운 시위 군중

　　시위 군중의 맹렬한 기세에 일본 관헌들도 멍청하게 수수방관하고 있었다. 지금의 광화문 세종로 거리인 육조 거리가 콩나물 시루같이 인파로 빽빽하였다. 그 속을 인력거를 타고 지나던 일인 경기도 지사에게 모자를 벗어들고 만세를 부르라고 호통을 치니까 혼비백산한 이 자는 시키는 대로 고분고분 만세를 불렀다.

　　거리에 일본 군대의 행렬이 나타났다. 용산에서 나와 시중의 큰 거리를 돌아다니고 있었다. 그러나 시민들과 충돌은 없었고, 무력시위를 벌였다. 시위 군중은 일본 군대의 행렬이 지나가는 앞에서도 '독립 만세'를 목이 터져라 불렀다."

　　"시위대는 거리 거리를 달려 나갈수록 수가 늘어났다."

　　시위에 참여하였던 정석해는 그날의 기억을 이렇게 말했다.

　　"백의白衣의 청년들이 앞을 다투어 대열에 가담했다. 인파는 광화문 네거리까지 꽉 메웠다. 우리 눈에는 왜놈 하나 보이지 않았다. 모두 만세꾼들이었다. 우리의 발걸음 앞에는 거칠 것이 없었다. '왜놈 물러가라'는 함성은 지축을 진동했다. 광화문 네거리에 이르러서 대열은 양분되었다. 한 대열은 경복궁으로 향했다. 그후에 들은 말이지만 그리로 가서 광화문 앞에서 만세를 부를 때에는 순사 한 사람이 순사 모자와 제복을 찢어 던지고 '조선독립 만세'를 부르며 시위에 가담하여 대중에게 깊은 인상을 주었다고 한다."

이화학당 교문은 굳게 잠겨 있었다. 프라이 교장의 특별명령이 있었던 것이다. 담 밖으로 보이는 거리에 사람들이 물밀 듯이 밀려 오가고 만세소리가 천지를 진동했다. 학교에 남아 있던 학생들은 곧 무슨 일이 진행되고 있는지 알아차렸다.

"소복에 검정댕기를 하고 교문 앞으로 모여라!"

누군가가 소리쳤다. 이화학당 학생들은 광무황제의 빈소가 있는 덕수궁 대한문 앞에 가서 망곡을 하기 위해 하얀 옥양목으로 소복을 하고 검정댕기를 들었다. 그러나 그것은 망곡을 빙자한 것이고, 뜻은 다른 데 있었다. 학생들은 교문으로 밀고 내려갔다.

"교문을 열어요! 교문을!"

"수위 아저씨, 교문을 여세요!"

"열어 주세요!"

"나갑니다. 나갑니다!"

학생들은 굳게 잠겨진 교문을 두드리며 아우성을 쳤다. 그러나 수위는 완강하게 버텼다.

| 대한문 앞에서 만세를 부르는 시민들

| 정동 미국 영사관 옆을 지나는 만세 시위군중

"교장 선생님의 엄명이오. 나는 열 수 없소! 내 힘으론 안돼요!"

학생들은 외쳤다.

"열어 주세요! 열어야 해요!"

학생들이 수위와 다투고 있다는 소식이 교장실에 전달되었다. 프라이 교장과 다른 교직원들이 달려 나왔다.

프라이 교장은 학생들을 한 번 둘러보았다. 모두들 숙연해졌다. 그녀는 심각하고도 곤혹스러운 표정으로 입을 열었다.

"나는 …… 학생들을 사랑합니다. 그리고 그 깊은 뜻도 잘 압니다. 그러나 이곳은 학원입니다. 여러분은 아직 연약한 학생입니다. 나는 여러분의 신변을 보호할 책임이 있습니다. 못나갑니다. 여러분은 이곳을 나가서는 안 됩니다. 나는 내보낼 수가 없습니다."

학생들도 결코 물러서지 않았다. 상급반 학생들이 소리쳤다.

"선생님! 이건 우리의 조국입니다! 우린 우리나라를 위해 나가려는 겁니다. 비켜 주십시오."

그러나 교장은 고개를 가로저었다.

"나는 책임을 버릴 수 없습니다. 여러분 신변은 내가 책임져야 합니다."

학생들은 소리 높여 외치다시피 말했다.

"교장선생님은 조국을 잃은 슬픔이 무엇인 줄 짐작이나 하십니까? 우린 지체할 수 없습니다. 어떻게 해서라도 나가겠습니다."

학생들은 아우성쳤지만, 프라이 교장은 굳게 잠긴 교문 앞에 두 팔을 벌리고 막아서서 말했다.

"자, 학생들, 나가려거든 내 시체를 넘어서 교문을 나가시오. 나는 살아서 학생들이 당하는 참변을 볼 수는 없습니다. 자 내 시체를 넘어서 나가시오!"

몇몇 학생들은 너무나 완강한 선생의 태도에 분개하기도 했다. 한 학생이 선생을 밀쳐내려고 달려들었다. 학생들은 그렇게 밀치고 당기고 하면서 옥신각신하다 서로 손을 잡아 담을 넘겨주고 또 자기도 넘어 거리로 달려 나갔다.

유관순을 비롯한 다섯 명의 친구들은 뒷담을 넘어 거리로 나갔다. 후에 이화여자고등학교 교장이 된 서명학은 담벼락 밑에 엎드려 유관순 등 친구들이 자기의 등을 타고 담을 넘어가게 했다.

유관순과 친구들은 시위군중 속으로 끼어들어 "대한독립 만세!"를 소리 높여 외쳤다.

"대한독립 만세!"

"대한독립 만세!"

"만세!"

"만세!"

목이 터져라 만세를 불렀다. 그들은 입밖에 내지 못하였던 '대한'이라는 말을 토해 내면서 감동의 전율을 느꼈다. 거리는 자유의 천지였다. 사람들의 마음은 모두 하나가 되었다. 두려움을 던져 버리니 속마음과 겉마음이 비로소 일치를 이루는 것을 경험했다. 그것은 감격이었다. 누구의 눈치를 볼 것도 없었다. 새들은 지지배배 봄을 알리고 있었고, 삼각산 위로 봄 안개가 살포시 어리어 있었다.

서울 거리는 해방의 거리였다. 유관순은 군중과 함께 '독립만세'를 부르며 시가를 행진했다. 이때 여러 가지 노래도 함께 목청껏 불렀다. 평소에도 많이 불렀던 야구 응원가에 붙인 「독립가」도 불렀다.

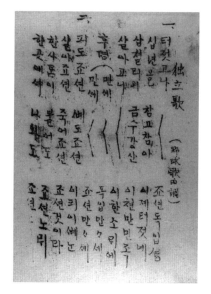

| 독립가

독립가

1. 터졌구나 터졌구나. 조선독립성
   십년을 참고참아 이제 터졌네.
   삼천리의 금수강산 이천만 민족
   살았구나 살았구나. 이 한 소리에
   (후렴)
   만세 만세 독립 만만세
   만세 만세 조선 만만세

2. 피도 조선 뼈도 조선 이 피 이 뼈는
   살아 조선 죽어 조선, 조선 것이라
   한 사람이 불러도 조선 노래
   한 곳에서 나와도 조선 노래

「동경함락가」라는 노래도 불렀다. 이 노래는 '베를린을 통한 행진' 곡조에 맞추어 불렀다.

1. 저 악마들이 탈을 쓰고 세상을 침노할 제

   모조리 다 쳐 물리쳤네 만세 부르세

   (후렴) 동경 함락시키리니 만세 만만세

   동경 함락시키리니 만세 만만세

   원수들의 모든 세력 때려 부수고

   동경 함락시키리니 만세 만만세

   이제부터 온 세상에 참된 평화 실현되고

   압박을 당하던 자 참된 자유 누리겠네

   원수들의 모든 세력 따려 부시고

   동경 함락시키리니 만세 만만세

2. 감옥문들을 열었으니 갇힌 자 다 나오라

   새 세상이 이르렀으니 만세 부르세

3. 노래를 불러 찬양하고 기뻐 뛰어 즐기세

   저 원수를 정복했으니 만세 부르세

유관순 등은 이화학당 선배들의 행렬을 수소문했다. 이화학당 행렬은 황금정 이정목에 있다는 소문을 듣고 인파를 뚫고 그 쪽으로 가려다가 오정목 쪽에서 수비대에 밀려 나오는 인파에 휩쓸려 남산으로 도망쳤다. 수비대에 쫓겨 아무 집에라도 들어가면 모두가 친절하게 숨겨 주었다.

이날 유관순은 무사히 학교로 돌아왔다. 학교로 돌아온 뒤 한동안 가슴이 두근거렸고, 몸은 솜처럼 피곤했지만 해방의 공간에서 맛본 감동

光化門 示威

으로 그날 밤 잠을 이루지 못했다.

"1919년 3월 1일 오늘은 한국에 있어서 위대한 날이었다. 그들의 기쁨이 얼마나 지속될는지 누가 알겠는가?"

그날 이화학당의 광경을 지켜본 마티 윌콕스 노블은 이렇게 당시의 상황을 이야기했다. 그녀는 미국 감리회 선교사 윌리엄 아더 노블의 아내이다. 드류신학교를 졸업하고 목사가 된 윌리엄과 결혼한 지 3개월 뒤인 1892년 10월 17일 남편과 함께 한국에 선교사로 와서 1934년까지 42년간 한국에서 봉사했다. 그녀는 처음 한국에 왔을 때 50명가량밖에 되지 않았던 감리교 신자가 은퇴할 때 2만 명으로 늘어난 것을 지켜보았다. 그녀는 3·1운동의 외국인 목격자의 한 사람인데, 특히 이화학당 학생들에 관한 기록을 남겼다.

"오후 2시를 기하여 모든 학교들, 중학교 이상의 모든 학교들이 일본의 지배에 항거하여 수업을 거부했고, 학생들은 전부 거리를 행진하며 손을 높이 쳐들고 모자를 흔들며 만세(한국이 만 년 동안 계속되라는 의미)를 외쳤다."

"거리에 있던 사람들도 대열에 합류했고 그 기운찬 외침은 도시 전체에 울려퍼졌다. 나는 창문으로 길다란 행렬이 모퉁이를 돌아 궁궐 담 주위를 행진하는 것을 볼 수 있었다. 정부가 운영하는 여학교 학생들도 행진을 하였고 한 무리의 남학생들은 이화학당 앞을 지날 때 안으로 밀려들어와 여학생들에게 나오라고 외쳤다."

"이화 학생들이 몰려나왔지만 월터양은 기모노 차림으로 달려나와 대문을 걸어 잠그고 여학생들을 가로막았다. 테일러씨와 아펜젤러씨가 그녀를 도우러 나왔고, 그들은 함께 소녀들을 못나가게 막는데 성공했다. 여학생들이 소리를 질렀고, 몇몇 남학생들은 거칠게 항의하다가 결국 그 자리를 떠나서 행진을 계속했다."

"오늘 오전에, 돌아가신 전 황제(고종)가 사실은 일본 정부의 사주에 의하여 살해된 것이라는 전단이 온 거리에 뿌려졌다. 한국은 일본의 지배를 받아들일 수 없다는 내용의 전갈을 황제가 강화회의에 전하려고 했기 때문에 그것을 저지하려고 죽인 거라는 내용이었다."

3월 5일 학생단 시위

3월 2일 일단의 학생 대표들이 이화학당에 와서 3월 5일의 학생단 시위에 참여할 것을 권고했다. 유관순과 함께 기숙사 생활을 했던 이정수의 증언이다.

"공일날 우리 이화로 33명(민족대표 33인은 아닌 것으로 생각됨 : 필자) 그분들이 전부 들어왔어요. '동생들아 누이들아 다 나와라 우리나라 찾자.' 그래서 우리들이 마당에 그들과 같이 다 나와서 같이 만세를 불렀어요. 그분들이 우리들에게 '너희들, 학교에서 공부만 하지 말라. 나라 먼저 찾고 나중에 공부해라. 그래서 너희들 될 수 있으면 만세를 부르고 서울역으로 와라."

유관순은 '우리나라 찾자'는 말이 가슴에 콱 박히는 것을 느꼈다.

'3월 5일, 그날도 가야지.'

유관순은 마음속으로 다짐했다. 그리고 자신과 함께 5명의 결사대 서

| 붙잡혀 가는 청년 학생들

명학·김복순·김희자·국현숙을 불러 모았다.

"3월 5일도 가는 거다."

"그럼, 가야지."

"남대문역이랬지?"

"그래, 남대문역이야."

"아침을 일찍 먹고 가야겠네."

모두들 새로운 각오를 다졌다.

3월 5일 유관순은 서명학·김복순·김희자·국현숙 등 '5인의 결사대'와 이정수 등 다른 10여 명의 학생들과 함께 일찌감치 밥을 먹고 담을 넘어 시내로 달려갔다. 오전 8시부터 각급 학교 학생들과 시민들이 남대문역 앞에 집결하기 시작해 9시쯤에는 수만 명의 대군중을 이루었다. 키가 큰 유관순의 눈에도 눈길이 미치는 끝까지 사람들이 보였다. 유관순은 역 광장을 꽉 채운 사람들 속에서 금방이라도 터질 것 같은 긴장감을 온 몸으로 느꼈다.

순간, "아!" 하는 가벼운 비명이 군중 속에서 터져 나왔다. 고동색 한복 두루마기를 입은 학생 강기덕이 인력거를 타고 나타난 것이다. 그는 한문으로 '朝鮮獨立(조선독립)'이라고 크게 쓴 깃발을 휘날리며 인력거 위에 늠름하게 서 있었다. 누군가가 연희전문학교 강기덕이라고 속삭였다. 이윽고 그가 "대한독립 만세!"하고 두 손을 높이 쳐들며 목청껏 소리를 외쳤다. 군중이 일제히 호응해 목청껏 만세를 불렀다.

"대한독립 만세!"

"대한독립 만세!"

"만세!"

"만세!"

여학생들은 감격에 겨워 울음을 터뜨렸다. 순식간에 역 광장은 울음바다를 이루었다.

그 사이 문득 군중 사이에 술렁임이 일더니 뒤이어 흰색 한복 두루마기를 입은 또 다른 학생이 인력거를 타고 나타났다. 누군가 보성법률상업전문학교생 김원벽이라고 말했다. 그도 "조선독립"이라고 쓴 큰 깃발을 휘날리며 인력거 위에 우뚝 서 있었다. 군중은 다시 "독립만세"를 절규하듯 외쳤다. 강기덕과 김원벽이 탄 두 인력거가 서서히 사람 사이를 헤집고 남대문을 향하여 굴러가더니 군중의 선두에 섰다.

| 종로거리의 시위

"대한독립 만세!"

그들의 지휘에 따라 군중은 만세를 부르며 대열을 지어 서서히 남대
문 쪽으로 움직이기 시작했다.

"그래서 서울역으로 갔어요."

이정수는 그날을 회상했다.

"남자들은 가장자리에 서고 여자들은 가운데로 4줄로 서서 뻘건 줄을
매고 서울역에서부터 독립만세를 부르며 남대문까지 통과하는데……"

학생들 중에는 붉은 헝겊을 팔에 두르고, 군중들에게 붉은 헝겊을 나
누어 주기도 했다. 대부분은 태극기를 들고 독립만세를 부르며 나아갔
다. 남대문에서 경찰의 저지를 받아 강기덕·김원벽 등이 체포되었다.

그러나 시위대는 경찰 저지선을 뚫고 둘로 갈라져 1대는 남대문시장을 지나 조선은행·종로 보신각으로 향했으며, 다른 1대는 남대문에서 대한문 앞 무교정을 지나 보신각에서 합류해 행진을 하며 독립만세를 고창하였다.

이 행렬이 남대문에 도달했을 때 일본 기마순경대가 철통같이 길목을 막고 있었다. 그러나 뒤에서는 후속대열이 밀어닥쳐 오고 있었으므로 전진하지 않을 수 없었다. 대열의 선두가 기마순경대를 밀치고 나아가려 하자 말이 함부로 날뛰어 말굽에 채여 부상당하는 사람이 적지 않게 생겨났다.

대열 선두의 방어진을 돌파한 사람들에게는 일본 순경대가 환도와 몽둥이를 함부로 휘두르며 덤벼들었다. 이날 이곳에서 많은 사람이 부상당했으며, 붙들린 사람도 많았다.

노블 부인은 이날 경찰들이 무차별로 시위군중을 구타하는 것과 이화학당 여학생 하나가 두들겨 맞는 장면도 목격하고 이를 기록으로 남겼다.

"오늘 아침 9시 남대문역에서 사람들이 모인 가운데 남학생과 여학생들의 시위가 있었다. 그들은 함께 새로운 독립의 노래를 불렀다. 다행히 거기서는 아무 제지도 받지 않았지만, 행진하여 덕수궁 앞에까지 오자 사람들이 몽둥이를 들고 가게에서 뛰쳐나와 학생들을 때리기 시작했고 경찰도 바빠지기 시작했다."

"상당수의 학생들이 심하게 구타를 당했고, 이화학당의 여학생 하나도 등을 두드려 맞았다. 그러자 비서인 김평율이 그녀에게 달려가 사람들을 밀어내려고 하였다. 일본 민간인들은(몇 명은 민간인 행세를 하는 경찰

| 이화학당 안옥희가 붙잡혀 가는 장면

이었을 수도 있다) 그를 심하게 때리기 시작했다. 그의 머리를 내리쳐 몽둥이가 부러지고 고개가 젖혀질 정도로 목을 주먹으로 가격하였다. 결국 그는 감옥으로 끌려갔다."

"경찰은 사람들을 잡아갈 때 그들의 손을 밧줄로 칭칭 동여맸다. 말 탄 경찰대와 다른 경찰들도 학생들을 구타하긴 했지만 민간인들만큼은 아니었다. 한국인 경찰들이 그들을 떼어내려고 노력했지만 역부족이었다. 일본 경찰은 한 소녀의 머리채를 잡고 돌리다가 그녀를 길바닥에 내동댕이치기도 하였다."

"해롤드가 이 모든 광경을 목격했다. 이화학당의 선생님들이 여학생들을 막으려고 무척 노력했지만 한 20명의 학생들이 빠져나갔다."

유관순과 함께 했던 이정수의 회상이 이어진다. 그녀의 회상에 의하면 유관순은 종로 6가쯤 갔다가 경찰에 붙들렸다 가까스로 학교로 돌아왔다.

"기마 순사가 칼을 가지고 휘젓고 총을 쏘아대어 죽고 다친 사람은 덮어 놓고 가는데, 사람이 그럴 수가 있어, 종로 6가쯤 가다 관순이도 끌려가고 헤어졌어. 어떤 아저씨가 가게로 우리를 붙들고 들어가 "지금 나가지 말라. 지금 나가면 독립도 되기 전에 죽는다"면서 물을 먹이고 가게 문을 닫았어요. 그래서 저녁에 조용할 때 주인아저씨가 우리를 데려다 주었어. 그런데 기마순사가 골목에 있어 더 캄캄해지기를 기다려 학교로 들어갔지.

그런데 학교로 몇 사람만 오고 전부 죽고 그런 거예요. 참 말할 수가 없지. 그때 죽을 것도 각오했어요. 그때 관순이도 학교로 찾아오고 그랬어요.

이날 유관순은 지금의 남산에 있었던 경무총감부로 붙잡혀 갔다. 유관순 외에도 이화학당 학생들이 많이 붙잡혀 갔다. 외국인 선교사들이 경무총감부로 찾아가서 아이들을 내놓으라고 강력하게 요구했다.

"우리 아이들을 내놓으시오. 죽이든지 살리든지 이런 데서는 재울 수 없소!"

외국인들의 강경한 요구에 경무총감부가 굴복하여 학생들을 풀어주었다. 일본 당국으로서도 국제여론을 일으킬 수 있는 외국인들을 완전히 무시할 수 없었기 때문이었다.

경무총감부는 다시 시위운동에 참여하지 못하도록 학생들을 포승줄에 묶어서 선교사들에게 인도하였다. 이렇게 하여 유관순은 위기에서 벗어날 수 있었다.

시내에서는 기마병들이 칼을 빼들고 말을 몰아 시위대를 해산시키자 시위대원들은 아무 집에나 뛰어들어가 피신했다. 주인아주머니들은 이들을 장독대나 안방 다락에 숨겨 주고, 정동예배당의 예배시간에 맞추

| 박인덕

어 언년이를 앞세운 것처럼 초롱을 들리거나 쓰개치마를 씌워 그들을 기숙사까지 바래다주었다. 이화학당의 정복희는 유관순을 비롯한 학교 언니들이 포승줄에 두 손을 묶인 채 학교로 잡혀오는 것을 보았다. 이들이 입었던 몇 겹의 저고리는 예리한 칼에 잘린 듯 너덜거렸다.

이날 길모퉁이에 태극기가 걸려 있고 그 아래에는 다음과 같은 벽보가 붙어 있었다.

태극기의 등불이 한국을 위해 빛난다.
한국의 백성들이여, 이 깃발을 높이 들고
독립을 선포하라.
이 깃발은 자유독립국가 한국을 위해 빛난다

박인덕 교사가 체포되다

유관순은 3월 10일 휴교령이 내려졌고, 학교가 문을 닫기 때문에 기숙사를 나와 고향 집으로 내려가야 한다는 것을 알았다. 휴교령이 내려진 그날 제복을 입은 일본인과 한국인 경찰 2명이 이화학당으로 들이닥쳤다. 그들은 기하를 가르치던 박인덕 선생을 경찰서로 소환 통보하고 수업시간이 끝나기를 기다렸다. 박인덕은 미모에 뛰어난 언변을 가지고 있었고, 유관순에게 가장 큰 영향을 준 교사 중 한 사람이었다. 또한 해방 이후 유관순의 독립운동 사실을 이화여자고등학교 신봉조 교장과 함께 우리 사회에 알려 유관순을 재조명하게 했다. 그녀는 이화학당 대학부를 마치고 이화학당에 남아 대학부와 고등부에서 수학, 체육과 음악을 가르치며 합창을 지도하고 있었다.

경찰은 완강하게 항의하는 프라이 학당장을 떼어내고 박인덕을 경찰서로 끌고 갔다. 이렇게 잡혀 간 박인덕은 감옥에서 유관순을 만나게 된다.

5
아우내 만세시위

천안행 기차 안에서　　　유관순은 등하교를 하는 친구들로부터 시내 상황을 듣고 있었다. 시위운동이 상인과 노동자들에게로 퍼져 나갔지만, 유관순이 참여했던 1, 2차 시위 때만큼 큰 시위는 이루어지지 않고 있었다. 소규모 시위가 산발적으로 서울 시내 여기저기서 벌어졌다. 그래서 유관순은 독립운동이 이대로 끝나는 것이 아닌가 불안한 생각도 들었다.

"독립운동이 이대로 끝나는 것 아냐?"

"이대로 운동이 주저앉아서는 안돼."

"맞아, 계속, 계속 독립만세를 불러야 돼."

유관순과 친구들은 하나같이 독립운동의 열기가 사그라질까봐 안타까워했다. 한편에서는 학생들 사이에서 반성도 일어났다.

"우리 이화학당은 한 덩어리가 되어 운동을 하지는 못했어."

"그러게 말이야. 우리도 전교생이 함께 나가 독립만세를 불렀어야 하는 건데."

"교장선생님이 막았기 때문이야."

"그래도 담을 넘어 나갔던 아이들도 있지 않니?"

"우리도 모두 나갔어야 하는 건데……."

이 대목에서는 모두들 눈물을 흘리며 엉엉 울었다. 일단 울음이 터지자 걷잡을 수 없이 설움이 복받쳐 올랐다. 나라를 잃은 설움, 비운의 황제에 대한 애도, 붙잡혀 간 선생님과 친구들에 대한 걱정과 안타까움……. 이런 감정들이 한꺼번에 복받쳐 터져 나온 것이다.

유관순은 친구들과 학교 교실 모퉁이에 모여 의논했다. 유관순이 말했다.

"우리가 지금 만세 부르고 나라 찾으려는데 공부할 게 아니다. 우리도 각자 시골로 가서 일을 하자. 만세운동을 부르자."

그렇게 결의를 하고, 학교 교장도 모르게 그 날 밤중에 나이 먹은 사람은 괜히 헛쪽을 찌고, 이북 사람은 머리에 수건을 쓰고 서울역에서 차를 타고 갔다. 나중에야 교장이 알고 문을 다 닫아 놓았으나 남아 있는 학생은 하나도 없었다.

아산 출신의 이화학당 졸업반 김복희는 이때의 심정을 이렇게 말했다.

고향으로 내려가던 때의 저의 마음은 무어라 말할 수 없이 괴로웠습니다. 망한 나라의 모습과 돌아가신 고종황제, 만세시위 때 죽어 넘어간 시체들, 경찰서로 묶여서 끌려가던 선생님들과 친구들의 모습이 줄곧 눈앞에 떠올랐던 것입니다. 절대로 이대로는 있을 수 없다고 생각했습니다.

3월 13일 충청도로 내려가는 친구들이 함께 기차를 탔다. 유관순은 사촌언니 유예도, 친구 이정수·김복희 등과 함께 자리에 앉았다. 유관순과 유예도는 천안에서 내릴 터이고, 이정수는 대전까지 가서 내린다. 이들이 서울에서 천안으로 내려오는 동안에 유관순은 한동안 말없이 차창으로 스쳐 지나가는 풍경을 지켜보고 있었다. 기차는 칙칙폭폭 칙칙폭폭 소리를 내며 달리고 있었다. 이윽고 유관순이 입을 열었다.

"애들아 이 차 소리가 어떻게 들리니?"

어떤 아이가 대답했다.

"동전 한 푼, 동전 두 푼이라고 하는 것 같다."

유관순이 말했다.

"내 귀에는 '대한독립', '대한독립'이라고 들린다."

옆에 있던 친구들이 유관순의 말에 일제히 손뼉을 치며, "대한독립! 대한독립!"을 불렀다.

차장이 달려왔다.

"학생들, 나 좀 살려달라고. 이렇게 하면 차가 통과할 수가 없어. 마음으로 하고 입으로는 하지 말아. 나 잡혀가면 이 차가 통과하지 못해."

차장은 통사정을 했다.

그 차장 아저씨가 가자 유관순 일행은 또다시 "대한독립!, 대한독립!"을 불렀다.

서울에서 독립만세의 열기를 경험한 유관순은 오로지 '독립' 두 글자에 온 마음이 모아져 있었다. 고향으로 돌아가는 차안에서도 며칠 전 친구들과 약속한 것처럼 독립을 위해 할 수 있는 무언가를 해야 되겠다고 다짐에 다짐을 더하고 있었다. 독립, 그것은 유관순에게 신앙과 같이 마음속에 굳게 자리 잡고 있었다.

덜컹거리는 기차가 평택역을 지나고 천안이 가까워지자 유관순은 내릴 준비를 했다.

"관순아, 우리 언제 만나지?"

이정수가 주섬주섬 내릴 준비하는 유관순에게 말했다.

"독립만세 부르고 독립되면 그때 만나자."

친구들은 다시 한 번 "독립만세," "독립만세"를 외쳤다.

"독립이 되면 만나자"는 유관순의 그 말이 이화동산의 사랑하는 친구들과 영원한 작별인사가 될 줄은 당시 누구도 짐작하지 못했다. 이정수를 비롯한 친구들과는 고향으로 떠나기 전에 정든 이화학당을 떠나는 마음을 노래로 지어 불렀다. 그 노래는 어쩌면 살아서 돌아오지 못할 자신의 운명을 예감한 듯한 비장함이 서려 있다. 어릴 때 꿈이 대장이었다는 유관순은 천안역에 내려 집으로 40리 길을 걸어가면서 친구들과 부른 노래를 가만히 떠올렸다. 예도 언니와 함께 이 노래를 불렀다.

이화 이화 정든 이화 잘 있거라.
우리가 독립된 담에 다시 만나자.
이화 이화 정든 이화 잘 있거라
어디간들 너를 잊겠냐
백수풍신白首風神 가더라도
우리가 널 잊겠느냐.
우리가 독립이 된 담에
펄펄 나는 태극기 아래서 만나자.

유관순의 눈가에 이슬이 맺혔다. 아름다운 이화동산에서의 추억이 주마등처럼 머리를 스쳐 지나갔다. 독립된 나라의 평화로운 시대였더라면 얼마나 행복한 시절이며, 얼마나 아름다운 꿈을 맘껏 꿀 수 있는 이화동산이었던가? 찬바람이 이마를 스쳐 지나갔다. 천안삼거리의 수양버들 가지들이 힘없이 바람에 흔들거렸다. 아직 잎을 달지 않고 있었다. '곧 새 잎이 나겠네.' 유관순은 속으로 중얼거렸다. 스물셋의 숙성한 처녀가 된 예도는 서울에서 관순이와 함께 생활하는 동안에 더욱 친밀해졌다. 어릴 때 마냥 장난치고, 지기 싫어 고집 빡빡 세우던 관순이도 서울 생활을 하는 동안 더 성숙해졌음을 느꼈다. 가만히 옆에 걷는 관순의 어깨를 감싸 주었다. 둘이는 서로 눈길을 마주치며 빙긋 웃었다.

목천보통학교 만세시위

고향에 돌아온 유관순과 유예도는 고향동네가 조용한 데 놀랐다. 전혀 소식을 모르고 있었다. 다음날인 3월 14일에야 목천보통학교에서 만세 시위가 일어났다는 소식이 들려왔다. 이날 오후 4시 목천보통학교 학생 120명은 교정에서 평화적인 시위운동을 벌였다. 인근 지역에서 일어난 최초의 시위였다.

목천보통학교 교정 한 쪽에 있는 관아의 한 건물에 일본군 헌병분견 대가 있었다. 목천보통학교 학생들은 헌병대 바로 정면에서 태극기를 들고 "대한독립 만세"를 부르면서 시위운동을 벌였던 것이다. 그후 목 천 읍내로 뛰쳐나와 "대한독립 만세!"를 부르며 읍내를 누볐다. 당황한 일제 헌병대는 주모자 4명을 체포하고 시위대를 해산시켰다. 당시 이 학교 교장은 청일전쟁에 참전했던 장교 출신 마사하라昌原貞範란 자로서, 서울에서 3·1운동이 일어나자 권총을 차고 근무했다. 그는 학생들이 읍내로 뛰쳐나가자 총을 뽑아 공포를 쏘며 저지하려 하였다. 선두가 총 소리를 듣고 주춤하는 사이에 헌병들이 출동하여 상당수 학생들이 체포 되었다.

바야흐로 목천·병천 지역에서 첫 시위가 발생함으로써 일제 헌병대 는 긴장하게 되었다. 그리고 이 지역에서 가장 민족의식이 강한 병천의

| 유예도의 이화학당 시절 사진(앞줄 오른쪽에서 두번째)

지령리교회 주변에서 경계의 눈을 떼지 않게 되었다.

유관순과 함께 이화학당에서 고향으로 내려온 사촌언니 유예도는 51년 후 "사촌동생 유관순에게 누가 될까봐 그동안 자제하고 있었다"면서 "서울에서 고향으로 내려올 때 독립운동에 관여하고 있었던 선생님으로부터 독립운동 자금조달의 임무를 부여받았다"고 밝혔다.

이화학당 교사를 비롯하여 선배 10여 명은 3·1운동이 일어나기 전부터 나라와 민족을 위하여 비밀리에 모임을 갖고 있었다. 김활란도 이들 중 하나였는데 그녀는 학교와 교회의 여성단체가 해외에 있는 독립운동단체로 보내는 독립운동 자금을 중앙본부에 전하는 일을 맡고 있었다. 그녀는 유예도에게 자금 모금과 전달 활동을 맡겼다.

"자금의 액수도 묻지 말라. 또 누가 전하는 것인가에 대해서도 알려고 하지 말라. 누가 받을 것인가에 대해서도 절대로 밝히려 들지 말라."

그러나 고향에 내려와 시골의 어려운 여건 속에서 어린 여학생들의 힘으로 자금을 모은다는 것이 생각처럼 쉽지 않다는 것을 알게 되는 데에는 오랜 시간이 걸리지 않았다. 그리하여 유관순과 유예도는 독립자금 모금보다 독자적으로 만세시위운동을 하는 쪽으로 방향을 전환하였다.

| 만년의 유예도

3월 16일 주일 밤 예배가 끝나 교인들이 흩어진 후 유중권과 유중무·조인원 등의 주선으로 이백하李伯夏 등 20여 명이 남았다. 이 자리에서 유관순은 이들에게 서울에서 일어난 3·1운동 상황을 자세히 설명했다. 그리고 유관순이 시위운동에 나설 것을 촉구했다.

"우리 마을이 죽은 듯이 가만히 있을 수는 없습니다."

"옳아, 우리도 가만히 있을 수 없지."

"그럼, 온 민족이 일어나는 판에 우리가 가만히 있어서는 안 되지."

모두들 이구동성으로 만세시위를 벌이는 데 찬성했다. 이들은 즉석에서 운동을 전개할 구체적인 방침을 의논했다.

이들은 아우내竝川 장날인 4월 1일을 기해 거사를 하기로 계획했다. 이날은 음력으로 3월 1일이어서 서울에서 시작한 3·1독립운동의 뜻을 살리기에 좋은 날이었다. 총본부는 지령리에 두고, 아우내장을 가운데로 삼아 상호 5리 거리에 삼각형으로 있는 수신면 장명리長命里와 갈전면 백전리柏田里에 각각 중앙 연락기관을 두기로 했다. 아우내장을 중심으로 안성·진천·청주·연기·목천 등 여섯 고을을 망라하여 각촌 각 면의 연락기관을 분담시키는 동시에 유림 대표들과 한 마을에 수십 또는

127

100여 호씩 모여 사는 대성大姓의 문장門長들을 움직이기로 했다.

시위운동에 앞장섰던 조병옥의 동생 조병호趙炳鎬는 당시의 역할 분담에 관해 이렇게 말했다.

"그때부터 나는 예배당에 드나들면서 조인원의 일을 도왔다. 조인원은 병천 장터에서 세 갈래로 손을 뻗치기로 하고, 나는 천안 길목, 수신면 쪽은 조만형趙萬衡씨, 진천 쪽은 박봉래朴鳳來씨가 맡아 거사에 대한 연락을 담당하게 했다."

조직이 완료된 지역에서는 대표 한 사람씩을 지령리교회 조인원에게 보내도록 결정하였으며, 연락원은 비교적 의심을 덜 받고, 서울의 시위운동을 직접 목격하고 참여한 유관순과 유예도가 맡기로 하였다. 또한 음력 2월 그믐(양력 3월 31일) 지령리 서쪽 뒷산 매봉에서 다음날의 거사를 약속하는 신호로 봉화를 올리면 각 지역 책임자들도 이에 호응하는 표시로 봉화를 올리기로 했다. 태극기 제작경비는 총본부와 중앙연락기관에서 담당하고, 태극기는 조인원의 아들 조병호와 글방 청년들이 앞장서 지령리와 인근 마을 부녀자들을 동원하여 제작하기로 했다. 지령리 일대는 유관순의 부친 유중권과 숙부 유중무와 교회 어른들이, 천안 읍내는 안창호 목사 내외가 책임지기로 했다. 유관순은 이튿날부터 발이 편한 짚신을 신고 수건을 머리에 쓰고, 유예도와 같이 연락작업을 위해 길을 떠났다. 그러나 유예도는 몸이 약해 이튿날 앓기 시작하여 일찍이 탈락하고 유관순 혼자서 연락일을 담당했다.

준비가 진행되는 동안 문제가 생겼다.

"선언서가 있어야 할 것 아냐?"

"그래야지요. 독립선언서를 낭독하고 시위운동에 들어가야 할 것 아니겠어요?"

"맞는 말이야."

"그럼, 선언서를 어떻게 구한다?"

"관순이가 서울을 한 번 다녀와야 되겠군."

"제가 서울 가서 구해 오겠습니다."

유관순은 기꺼이 서울에 다녀 올 것을 자원하였다. 이화학당 담 너머로 넘어온 보퉁이를 정복희가 1전짜리 왕사탕을 얻어먹으며 지하실로 날라 놓은 것 중에서 미처 다 배부하지 못하고 남은 선언서를 얻을 수 있을지도 모르겠다고 생각했다.

시위운동 준비가 진행되는 동안 다행히 야마모도山本 등 주재소의 일본 헌병들은 전혀 낌새를 알아채지 못하고 있었다.

유관순은 장명리 청신의숙 교사를 지낸 김구응金球應을 찾았다. 그는 1915년 수신면 장산리의 감리교회가 운영하는 장명학교 교사로 3·1운동 때 옥고를 치른 조만형과 유우석을 가르쳤다. 1918년부터는 병천리 성공회 구세실(알프레드 세실 쿠퍼Alfred Cecil Cooper) 주교가 운영하는 진명학교에서 교사생활을 했다. 그는 유관순의 열정적인 설명에 감명을 받고 아우내 만세시위의 주역으로 나서게 되었다. 유관순은 김구응 선생의 호응과 지지에서 큰 용기를 얻었다.

유관순은 서울에서 이북 출신 아주머니들이 머리에 수건을 쓰고 다니는 것을 눈여겨봤다.

'옳지, 머리에 수건을 쓰고 아주머니처럼 하고 다닌다면 의심을 피할

수 있겠다.'

1956년 이화여자고등학교가 마련한 자리에서, 유관순과 2년여 간 서대문감옥에서 함께 옥살이를 하다 유관순의 순국 직전에 출감했던 어윤희는 감옥에서 유관순으로부터 직접 들은 이야기를 전했다.

"유관순이를 내가 언제 알게 되었나 하면 1919년 4월 하순쯤입니다. 어디서 만났냐면 서대문감옥에서 붉은 옷을 입고 있을 때 만났습니다. 그때 내가 어떻게 이렇게 되었냐고 물었더니 '나는 이화학교 고등학교 1학년'이라고 그래요. 그러면서 '경성에서 자꾸 독립운동이 일어나고 있는데 우리 고향에는 그런 일이 없었어요'라고 해요. 그래서 고향에 내려가서 운동을 하려고 시골 사람들의 마음을 움직여서 만세를 부르기 위해서 수건을 쓰고 다니면서 먼저 동장을 만나서 '지금 서울에서는 독립운동을 일으키고 있는데 여기에서도 어떻게 운동을 해야 하겠다'고 말하면서 그렇게 하자면 아무래도 사람이 많이 모이는 장날을 이용해야 한다고 역설하며 자기가 앞장서서 일을 하겠다고 그랬대요. 그리고 (아우내) 장날 12시에 내가 태극기를 들고 만세를 부를 터이니 그날은 모두 물품을 가져오지 말고 그대로 와서 소동을 일으키라고 이야기를 했더니 여기에 감동이 되었는지 '그럽시다'라고 대답을 했대요."

유관순은 송정松亭의 유림대표 김상훈金相訓, 왜마루의 안동 김씨, 청주군 방하울의 유씨俞氏, 자포실 신씨申氏, 백현栢峴의 유씨俞氏, 성재동盛才洞 유림대표 박씨, 드무실杜峴洞 배천 조씨趙氏, 무들이水入里 경주 김씨를 만나 응낙을 받았다. 또 연기 방면의 남산동 박씨, 속새말 이씨, 발이미[鉢山里]의 김씨와 송씨, 한신闗身의 이씨, 연기 상로정上盧亭 권씨, 조치원 임씨任氏

를 만나 승낙을 받았다.

그 다음 진천 방면으로 가서 보평普坪의 이씨, 반계潘溪의 윤씨, 화산花山의 전주 이씨, 삽다리의 청주 이씨, 모산茅山의 주씨, 벌터의 박씨를 만나는 등 20일 동안 수백 리를 혼자 걸었다. 사람들은 밤 12시, 새벽 3~4시에 개가 짖으면 유관순이 오나 보다고 했다 한다.

마을 청년들과 부녀자들은 밤마다 교회에 모여 태극기를 그렸다. 이에 관해서는 조병호가 전한다.

"밤에는 예배당에서 마을 부녀자들과 같이 태극기도 그렸고, 뒤에 왜경에게 살해된 김구응·김상헌·김치관·박유복·서병순·신을우·박영학 등을 알게 되었다."

사람들은 태극기가 어떻게 생겼는지 몰랐다. 10년 동안 태극기를 구경해 본 적이 없었기 때문이다. 유관순도 이화학당에서 친구 이정수와 밤새 몰래 태극기를 만들어 온 학교 안에 붙이는 사건을 일으켰을 때는 잘 몰라 4괘를 아무렇게나 그렸었다. 그러나 그 사건을 계기로 태극기의 모양에 대해 선생님으로부터 깨우침을 받았기 때문에 이번에는 제대로 된 태극기를 그릴 수 있었다.

유관순은 하얀 광목 위에 4괘와 가운데에 태극과 빨강과 파랑의 양의를 그리면서 자유와 독립, 정의와 인도가 강처럼 도도히 흐르고 바다같이 세상에 충만하기를 기원했다.

유관순의 판결문은 원심 공판시말서를 언급하면서 "압수 중 제1호구 한국 국기(태극기를 말함)는 자기가 만들었다"고, "압수 물건 중 구 한국 국기 한 자루는 유관순 소유의 제1범죄 공용물이므로……"라고 하며 유관순이 태극기를 만들었다는 사실을 분명하게 밝히고 있다.

수신면 발산리는 아우내 장터에서 남쪽으로 4km 거리에 있는 마을이다. 발산리에 3·1운동 소식이 들려온 것은 3월 말이었다. 이 마을 사람 이순구李旬求가 서울의 광무황제 국장에 참례하고 돌아와 발산리의 친구인 김교선金教善에게 자세하게 말해 주었다. 당시 28세 농군이었던 김교선은 다음과 같이 회상했다.

"마을 친구인 이순구씨가 서울 사는 친척집에 다녀와 3월 1일의 서울 소식을 소상히 전하여 전국에서 일어나고 있는 항일운동에 호응할 계획을 세우기로 합의했다.".

그와 비슷한 시기에 홍일선洪鎰善이 수신면 발산리 김교선을 찾아왔다.

"여보게 교선이, 서울에서 민족대표들이 독립선언을 하고, 여기에 발맞추어 전국에서 호응하여 만세시위가 일어나고 있다지 않은가? 우리 고장에서도 여기에 호응하지 않는다면 부끄러운 일일 걸세."

"그러하네, 일선이. 나도 들었네. 우리도 가만히 있을 수 없지."

"어떤가, 이번 4월 1일이. 아우내 장날이 아닌가."

"좋지, 그날이 음력 3월 1일일세. 민족대표들이 독립선언하신 날이 3월 1일 아닌가."

이처럼 지령리와 다른 또 하나의 만세운동 흐름이 싹트고 있었다. 김교선은 마을 유지 박영학朴永學을 찾아가 의논했다.

"의로운 일에는 반드시 따르는 사람이 있을 것이고, 지각이 있는 사람이라면 누구나 망국亡國의 한과 항일의 생각이 없겠는가? 그러니 우리가 앞장서 나가면 반드시 따르는 사람이 있을 것이네."

박영학은 김교선과 함께 수창리의 한동규에게도 취지를 설명했다. 한동규는 함께 할 만한 사람을 소개했다.

"교선 형님, 성남면의 이백하씨도 우리와 뜻을 함께 할만합니다."

"그런가, 그럼 자네가 만나주게."

한동규는 이백하에게 물었다.

"어떤가 동생 생각은?"

"당연한 일 아닙니까, 동규 형님. 오천년 역사를 가진 문화민족인 우리가 어떻게 왜놈의 노예로 살 수 있습니까?"

3월 30일 저녁 박영학·김교선·이순구·한동규 등 동지들은 발산리 마을 뒷산에 올라가 산위에 횃불을 놓고 소리 높여 "대한독립 만세!"를 연달아 외쳤다.

이웃 마을 사람들은 이 갑작스러운 일에 놀라 어리둥절해 했다. 그러나 자정이 지나도록 발산리 산위의 횃불이 꺼지지 않고 계속 타오르자 여기저기서 호응하는 횃불이 피어오르기 시작했고 먼데서도 만세소리가 들려오기 시작했다.

김교선은 마을로 뛰어 내려가 친구들을 다 불러 모았다.

"뒷산에 모여라!"

이렇게 모인 사람 20명가량이 새벽까지 횃불을 올리며 만세를 불렀다.

김교선이 말했다.

"날이 밝기 전에 우리 각자 헤어지자. 그리고 연락을 기다리라."

김교선은 산을 내려가 복다회리 김상훈金相勳을 찾아갔다.

"선생님, 일이 크게 벌어졌습니다."

"어젯 밤부터 산에서 횃불 올린 일이 자네들이 한 것인가?"

"그렇습니다, 선생님."

뜻밖이었다. 김교선은 면내에서 존경받는 선비인 김상훈이 크게 놀랄 줄 알았다. 그러나 놀라지 않았다.

"자네, 병천 쪽에서 한창 일을 꾸미고 있으니 그쪽과 같이 행동하기로 하세."

"예? 그럼, 선생님도 이미 아시고 계시군요."

"그렇다네. 병천 쪽하고 연락이 있었네."

"잘 되었습니다. 잘 되었어요. 그렇게 하도록 하지요, 선생님."

3월 31일 오후 병천 쪽에서 연락원이 쪽지를 가지고 왔다.

"김상훈 선생을 통해 상보詳報를 접했음. 내일 3월 1일(음력) 병천 장날을 이용하여 아우내 장터에 모여 거사키로 작정했음. 조인원."

김교선은 밤에 산상시위를 벌이려 모인 사람들에게 병천 쪽에서 온쪽지의 내용을 전달하였다. 그리고 곧 병천 쪽에 쪽지를 보냈다.

"수신면 사람 동원은 나 김교선이 맡겠소. 정오에 만납시다."

그리고 모인 청년들에게 지시했다.

"오늘 밤에도 첫닭이 울 때까지 독립만세를 부릅시다."

수신면에는 헌병주재소가 없었다. 그래서 이런 의논이 동네에서 이루어지는 동안 아무런 제지도 받지 않았다.

김교선은 3월 31일 초저녁부터 글씨를 잘 쓰는 사람 7~8명을 따로모아 밤을 새워 격문 수백 장을 썼다. 대체로 전해진 독립선언서의 취지를 간단하게 적고 다음과 같이 덧붙였다.

이천만 동포는 한 몸인데 우리라고 가만히 있을 수 있는가. 병천 장날이
자 음력으로 3월 1일인 내일 모두 한 데 뭉쳐 들고 일어나자!

이 격문을 길목에서 배포하여 내일 병천장에 가는 사람들은 모두 이
날 있을 거사를 미리 알도록 하였다.

이 즈음 충청도 일대, 특히 병천 주변 지역에서 야간 봉화시위가 널
리 퍼지고 있었다. 3월 하순부터 병천을 중심으로 청주 부근 강서·강
내·옥산·남이·조치원·천안·아산·당진·홍성·청양 등지로 퍼져나갔
는데, 이들은 나라에 변란이 있을 때 봉화를 올리던 것에 착안하여 봉화
를 올리고 만세를 높이 불렀다.

입장·천안의 시위운동 | 열흘 전인 3월 20일 입장 장날에 사
립 광명학교 교사·학생들이 만세시
위를 벌였다. 열네 살의 광명공립보통학교 여학생 민옥금閔玉錦·한도숙·
황현숙이 주도했다. 이들은 장롱 깊숙이 감추어 두었던 태극기를 꺼내
나흘 밤낮을 지새며 태극기를 그렸다. 그리고 천 조각에 문구를 썼다.

부릅세다! 조선독립만세를, 시간은 정각 8시, 한 분도 빠짐없이 나오
세요.

직산 금광회사 앞 광장에서 울려퍼진 만세 소리는 온 마을을 진동시켰다. 마을 주민 수백 명이 학생들과 합세해 10리 길을 걸어 장터로 나아갔다. 40리 밖 천안에서 기마병들이 달려왔다. 파도같이 밀려가는 만세시위 군중과 기마병들이 마주치니 말발굽에 채여 넘어지고, 몽둥이로 맞아 피를 흘리며 쓰러지는 사람이 무수히 많았다.

3월 28일 아침 6시 30분. 직산 금광회사에 근무하는 박창신朴昌信과 같은 광부 안은安銀·한근수韓根守 등이 교대시간에 독립만세 시위를 일으켰다. 약 200명의 광부들이 호응하여 곡괭이를 들고 입장 장터로 행진하고, 무력진압하는 양대리 헌병주재소에 쳐들어가 무기 탈취를 시도하고, 전화선을 절단하는 등 격렬한 시위를 벌였다. 3명이 숨지고, 6명이 부상당하였다.

3월 29일 천안 읍내에서는 약 3000명의 군중이 태극기를 흔들고 독립만세를 부르면서 시가지를 행진했다. 흰 두루마기에 흰 갓을 쓴 사람들이 입장 시위에서 붙잡힌 여학생들을 내놓으라고 소리치며 유치장으로 밀려들었다. 일본인들은 닥치는 대로 이들을 총으로 때리고 발길로 찼다. 삽시간에 유치장 앞은 아수라장이 되었고, 코와 입에서 쏟아지는 피가 흰옷을 적셨다. 그때 누군가가 흐르는 피를 손으로 찍어서 벽에 '백절불굴百折不屈 목적달目的達(백번 꺾여도 뜻을 이루고 만다)'이라고 썼다.

3월 30일 입장면 입장에서 300여 명이 다시 시위운동을 벌였다. 풍세면 풍서리 주변의 산 20여 곳에서 횃불을 올리며 만세시위를 벌였다. 그 중 약 200명은 풍서리 시장에서 시위행진을 했다. 클라이맥스를 향해 질주하듯 3월의 마지막 날, 해는 기울고 밤이 찾아 왔다.

| 매봉산 봉화대 기념탑

매봉산의 봉화

3월 31일. 음력 이월 그믐인 이날 밤, 산하
에 어두운 시대만큼이나 짙은 어둠이 깔렸
다. 유관순은 어른들이 주관하는 모든 준비가 마지막 순간을 위하여 마
무리되는 것을 보았다. 자정이 가까워지자 그녀는 동생 관복과 친척 유
제한에게 미리 준비해 둔 여러 자루의 홰를 들려 매봉산 꼭대기로 올라
갔다. 매봉산은 169.6m로 높지 않으나 유관순의 집 뒤로 바로 올라가기
에는 꽤 가팔랐기 때문에 헉헉 숨이 찼다. 홰에 불을 붙였다. 불길이 어
둠을 사르며 조용히 피어올랐다. 그녀는 횃불을 높이 치켜들었다. 그녀

가 든 횃불은 밤바람에 불꽃을 나풀거리며 먹빛 하늘에 작게 피어올랐으나 그 빛은 멀리멀리 퍼져갔다.

그러자 매봉을 중심으로 구밋龜뜸 우각산, 강당산, 백전리 돌산, 세성산, 아우내 장터 뒤 갓모봉·봉화대·개목산 등 일곱 산에서 불길이 솟아올랐다. 거의 같은 시각에 광덕산·덕산·화산, 진천의 덕유산·구도산, 서림산 동남편의 약사산, 청주 방면의 수리봉, 남쪽의 백석봉, 남산, 발산, 망경대, 연기지방의 율산, 서남의 마산, 장명리의 장산에서도 횃불이 치솟았다. 동서남북에서 24개의 불꽃이 그믐밤 하늘을 밝혔다. 내일의 거사를 다시 한 번 확인하는 횃불이었다. 아니 산하를 뒤덮고 있는 어둠을 물리치려고 치켜 든 빛이었다. 밤은 그런 것을 아는지 모르는지 새근새근 아기 숨소리처럼 깊어갔다. 유관순은 산봉우리 불빛들을 보며 혼자말처럼 마음속으로 뇌었다.

'아침이 오리니. 새 빛이 온 누리를 채우리라.'

아우내 장터의 독립만세

1919년 4월 1일이 밝았다. 완연한 봄빛을 띠고 있었다. 새벽에는 영상 1.8도의 차가운 날씨가 옷깃을 여미게 했으나 낮이 되면서 봄햇살에 14.4도로 기온이 올랐다. 지령리에서는 아침 일찍부터 굴뚝에서 일제히 연기가 피어올랐다. 유관순의 아버지 유중권과 어머니 이소제를 비롯하여 온 마을 사람들이 일찌감치 아침밥을 해 먹고 준비했다. 아침 9시쯤부터 장터에는 이미 3000여 명이 장꾼을 가장하여 북새통을 이루고 있었다. 청주와 진천에서도 만세꾼들이 왔고, 성환 등지에서도 인파가 밀려들었다. 정오가 조금 지났을 때 홍일선·김교선·한동규·이백하·이순구는 사전에 계획한 대로 아우내장 입구에 섰다.

그들은 장터로 들어오는 사람들마다 소매를 붙잡으며 작은 목소리로 속삭였다.

"오늘, 독립만세를 부릅니다."

"오늘, 독립만세를 부릅니다."

사람들은 놀라지 않았다. 3월 1일 서울에서 시작된 독립만세 운동이 입에서 입으로 전해졌고, 오히려 우리 고장에서는 왜 움직임이 없느냐는 마음들이었다.

"어디 가세요? 오늘 독립만세를 부릅니다. 장터를 떠나지 마세요."

볼 일을 보고 장터를 떠나려는 사람들도 가만히 고개를 끄덕이며, 가려던 발걸음을 다시 돌렸다.

장꾼들은 더욱 몰려들었다. 이날 장터에는 다른 때보다 훨씬 많은 장꾼들이 모여들어 사람들로 북적거리며 긴장감이 흘렀다.

수천 명이 와글대는 소란 속에서도 장터 안에서 마치 음향이 꺼진 느린 영화 화면처럼 얼마간 시간이 흐르고 있었다.

유관순은 옷을 세 벌 껴입었다. 만약의 경우 재빨리 겉옷을 벗어 버리고 피신하기 위해서였다. 옷 속에는 태극기들을 감추었다. 나머지 태극기는 다른 동지들이 천안·성남 수신·진천 방면의 각 길목에서 나누어 주도록 분담되어 있었다.

"감추어 가지고 있다가 큰 태극기가 보이면 그때 꺼내세요."

시장거리로 들어오는 사람들은 태극기를 하나씩 받아 옷 속에 얼른 감추었다.

오후 1시 3000여 장꾼들이 시장거리를 뒤덮었다. 조인원이 긴 대나무 장대에 매단 큰 태극기를 장터 한가운데에 세웠다. 동지들이 깃대를 붙잡았다. 봄바람을 타고 태극기는 푸른 하늘에 나부꼈다. 군중도 일제히 장에 들어서며 받아 감추고 있었던 태극기를 꺼내 들었다. 조인원이 장터 한가운데 쌓은 쌀가마 위에 올라섰다. 그는 가슴속에 품고 왔던 무엇인가를 꺼내 두 손으로 펼쳐 들었다. 장꾼들의 이목이 조인원에게 집중되었다. 그는 천천히 우렁찬 목소리로 입을 열었다.

"선언서, 오등은 자에 아 조선의 독립국임과 조선인의 자주민임을 선언하노라.……"

시끌시끌하던 장내는 물을 끼얹은 듯이 조용해졌다. 낭독을 마친 조인원이 먼저 두 손을 높이 들며 독립만세를 불렀다.

"대한독립 만세!"

그러자 군중의 만세소리가 온 천지를 뒤흔들었다.

"대한독립 만세!"

"대한독립 만세!"

손에 손에 들린 태극기가 새장을 벗어난 새처럼 봄 하늘에 아름답게 팔랑거렸다.

유관순이 큰 태극기를 들었다. 유중권·김구응·김상헌·김구헌·김교선·조병호 등이 조인원과 함께 선두에 섰다. 그 뒤에 유관순과 어머니 이씨, 각 고을에서 모여 든 군중이 태극기의 물결을 이루며 대열을 지어 조인원의 뒤를 따랐다. 시위대는 장터에서 약 50보 거리에 있는 병천 헌병분견소를 향해 움직이기 시작했다. 시위군중은 잇따라 만세소리를 높였다. 3000여 군중이 외치는 대한독립 만세 소리가 산천을 울렸다. 수천 명이 한 목소리로 부르는 자유와 독립의 함성은 속박의 사슬을 끊고, 10년간 일본인들이 심어온 패배의식과 노예정신을 털어내고 있었다.

병천 헌병주재소장 고야마ᄮ山는 이날 아침나절부터 보통 때보다 장꾼들이 많이 북적대는 것에 내심 불안감을 느끼고 있었다. 전국적으로 비상경계를 펴고 있는 상황에서 사람들이 많이 몰려들고 있었기 때문이다. 주재소에는 소장 고야마와 상등병 진상부湊相部·야마모도山本武, 보조원 정수영·맹성호 등 5명이 있었다.

고야마는 갑자기 들려온 하늘을 찌를 듯한 "조선독립 만세" 함성에 깜짝 놀랐다. 시장에서 헌병주재소까지는 50보, 약 30m 거리였다. 고야마 주재소장은 헌병 상등병 진상부와 헌병보조원 1명을 이끌고 현장으로 출동하면서 보조원 정수영·맹성호에게 지시했다.

"장터로 출동하니 주재소를 지켜라. 발포할지 모르니 준비를 하고 있어라."

만세소리가 하늘을 진동하고, 수천 군중이 목청껏 만세를 부르며 헌병주재소로 향해오자 고야마는 두려움에 질렸다.

"중지! 중지! 해산! 해산! 해산해!"

그러나 시위군중이 그만한 제지에 물러설 리가 없었다. 군중이 너무 가까이 와 있기 때문에 총을 쏠 수 없자 고야마는 칼을 빼어며 명령했다.

"베어라!"

휙!

김상헌金相憲의 가슴에 일본 헌병의 칼이 꽂혔다. 스물여섯 살의 김상
헌이 붉은 피를 쏟으며 쓰러졌다. 아우내 만세시위 사건의 판결문에 남
씨의 남편이라고 나오는 사람이 바로 김상헌이다.

"사람을 칼로 찌르다니!"

순간적으로 피를 보고 놀라 주춤하던 군중은 김상헌이 쓰러지자 흥
분하여 헌병들을 향해 달려들었다.

고야마는 다급하게 외쳤다.

"철수, 철수! 주재소로!"

주재소에 돌이 날아들고 유리창 깨지는 소리가 들렸다. 헌병들은 주
재소 입구 왼쪽 벽에 붙어서 돌을 피했다. 이때 참여했던 조병호는 다음
과 같이 회상했다.

"이때 일본군은 군중의 기세에 눌려 소리도 못 내고 주재소 안에서
숨을 죽이고 있었다. 나는 새파랗게 질린 채로 총을 들고 밖을 내다보는
야마모도 헌병에게로 달려가 철썩 따귀를 한 대 올려붙였다. 내가 야마
모도를 한 대 후려갈기자 군중의 격정은 더욱 높아졌다."

이를 본 조인원이 조병호 등을 보고 큰소리로 호령했다.

"사람을 상하게 하지 말라. 일본 사람 한 사람을 죽인다고 안 될 것이
되며, 죽이지 않는다고 될 것이 안 되는 것은 아니니 살생일랑 말라!"

"우리의 목적은 우리나라 자주독립을 선포하는 데 있는 것이지 여기

이 일인들을 죽이려 하는 데 있지 않다!"

격정의 그 순간에 메아리친 조인원의 외침은 피를 보고 군중심리로 치달으려는 시위대를 막아주었다. 조인원이 유혈사태를 막으려 한 이유는 서울의 민족대표 선언서에 "일체의 행동은 가장 질서를 존중하여 우리의 주장과 태도가 어디까지나 밝고 정당하게 하라"고 비폭력 원칙을 제창하고 있었기 때문이다. 지령리 지도자들은 민족대표의 공약 3장의 행동강령에 맞추어 가장 질서를 존중하고, 평화적으로 공명정대하게 자주독립의 의사를 표명하고자 했던 것이다.

하지만 이때 헌병이 달려와 선두에 서서 시위군중을 이끌던 유관순이 들고 있는 태극기의 깃대를 칼로 쳐서 부러뜨리고 총검으로 유관순을 찔렀다. 고야마 소장은 총검에 찔려 피를 흘리는 유관순의 머리채를 잡고 질질 끌고 가면서 발로 차고 때렸다. 유중권과 이소제는 차이고 맞는 딸아이의 뒤를 뒤쫓아 가며 "만세!", "만세!" 하고 절규하였다.

바로 그때 이제까지 숨을 죽이고 있던 헌병 하나의 총이 불을 뿜었다. 하늘을 가르는 날카로운 금속성이 고막을 찢는 듯했다. 그리곤 총검을 휘둘렀다. 놀란 군중이 흩어지고, 이때 재빨리 유관순은 고야마의 손아귀에서 벗어났다. 하지만 비극은 계속되었다.

"여보!"

"형님!"

유중권의 옆구리에 일본군의 총검이 깊숙이 박혔다. 이어 머리를 찔렀다. 유중권의 흰 두루마기가 붉게 물들었다. 찢어진 머리에서도 피가 흘러내렸다. 유중권은 서서히 무너져 내렸다.

헌병들이 다시 군중에게 총을 쏘려고 겨누자 유관순은 총구 앞으로 뛰어들었다.

"쏘지 말아요!"

"쏘지 말아요!"

유관순이 소리쳤다.

"이런 죽일 놈들. 평화적인 시위에 총칼질을 해서 사람을 죽이다니!"

조인원과 유중무는 동시에 소리쳤다.

"사람을 살려내라!"

"여보게들, 형님을 업혀 주게!"

유중무는 부르르 떨고 있었다.

사람들은 의식을 잃어 가고 있는 유중권을 동생의 등에 업혀 주었다. 유중무는 형의 옆구리에서 흘러내리는 피로 적삼이 젖으면서 뜨뜻해져 오는 것을 느꼈다. 유중무는 유관순·김용이·조인원과 그의 아들 조병호 등 40여 대원과 함께 주재소로 밀고 들어갔다.

"사람을 살려내라!"

"사람 살려내!"

"나가시욧!"

"안돼요! 물러가시욧!"

조선인 헌병보조원 정수영은 다급하게 유중무를 밀어내며 주재소 문을 닫으려 했다.

김용이가 정수영에게 호통을 쳤다.

"조선 사람이면서 뭣들 하는 거야? 너희들은 몇 십 년 보조원 해 먹을 생각이냐? 너희들은 어째서 왜놈들에 빌붙어 보조원 노릇을 하느냐? 함께 만세를 불러라. 그렇지 않으면 죽여도 시원치 않다, 이 놈들!"

이때 성남 수신 방면의 시위대는 김교선·한동규·이백하·이순구의 지휘로 시장에서 약 100명의 무리를 규합해 주재소로 쳐들어갔다. 김교선은 주재소 뒤로 돌아가 천안으로 연락되는 전화선을 끊었다. 천안 본대의 후원을 받지 못하게 하려는 생각에서였다. 그러나 변변한 도구가 없었기 때문에 돌로 두드려 전선을 절단하는 데 시간이 걸렸다. 그 사이에 천안 헌병대에 응원 요청이 전달되었다.

전화선을 끊은 김교선은 주재소 입구에 버티고 서서 태극기를 힘차게 흔들며 군중과 함께 독립만세를 외쳤다. 한동규는 헌병 보조원이 압수하여 가지고 있던 태극기를 빼앗아 힘차게 흔들었다.

"너희가 죽인 사람을 살려내라!" "죽이려면 우리도 함께 죽여라!"

한동규와 이백하는 무단 발포에 대해 강력하게 항의하였다.

이백하는 "유치장에 갇힌 사람들을 풀어내어 놓아라!"고 요구하였으며, 이순구가 쇠스랑으로 유치장 벽을 때려 부수니 군중들은 일제히 환호성을 지르며 달려들어 유치장 벽을 걷어차며 부수었다.

보조원은 군중들의 기세에 놀라고, 총상을 입고 죽어 가는 사람을 보고 또한 시위대의 기세에 눌려 어쩔 줄 모르며 주전자를 건네 주었다.

"물, 물을, 부상자에게 더운 물을 주세요."

그러자, 김용이는 "왜놈의 주전자에 담긴 물을 어떻게 마시게 할 수 있느냐!"면서 냅다 정수원의 가슴을 향해 집어 던졌다. 정수원의 얼굴과 옷에 물이 쏟아져 흘러내렸다.

서로 밀고 당기는 가운데 주재소 문이 열리자 군중이 주재소 안에까지 밀고 들어가 "사람을 살려내라!"며 폭압적인 일제의 만행에 항의했다.

주재소 안의 소장이 총을 겨누자 조인원은 윗도리를 벗어젖히며 "쏠 테면 쏴라!"며 가슴을 총구 앞에 디밀었다. 옆에 있던 상등병 진상부가 조인원에게 총을 겨누었다. 조인원은 재빨리 몸을 돌려 진상부의 총을 붙들고 몸싸움을 벌였다.

그 사이 우루루 헌병들이 모여들어 의식을 잃은 유중권을 주재소 밖으로 밀어내 던졌다. 군중은 다시 유중권을 떠메고 주재소 진입을 시도하였다.

"나라를 찾으려고 정당한 일을 했는데,"

유관순은 숨을 몰아쉬면서 카랑카랑한 목소리로 말했다.

"어째서 군기를 사용하여 내 민족을 죽이느냐!"

한 헌병이 총구를 유관순에게 돌렸다.

유관순은 순간적으로 헌병의 가슴에 달려들었다. 그 틈에 김용이가 헌병의 총을 쳐서 방향을 다른 데로 돌리고, 다른 사람들은 5명의 헌병과 보조원들에게 달려들어 탄약함을 빼앗으려 했다.

그 와중에 누군가 외쳤다.

"소장을 죽여라!"

군중이 소장의 멱살을 잡아 끌어내려 하자 필사적으로 몸을 비틀어 빼며 소장이 권총을 빼들고 몇 발을 쏘았다. 일부가 그 소리에 놀라 다시 달아나고 몇 명이 또다시 쓰러졌다.

유중무는 입고 있던 두루마기 끈을 풀어서 큰 고함소리와 함께 헌병을 붙잡아 밀치고 당기고 하였다.

유관순은 소장의 군복에 핏자국이 있는 것을 보고 외쳤다.

"이 자가 죽였다! 이 자가 아버지를 죽였다!"

관순은 소장의 멱살을 쥐고 흔들었다.

"아버지 살려내라! 우리 아버지 살려내라!"

그것은 절규였다.

또다시 총구가 불을 뿜었다.

기골이 장대하여 호남아로 불린 56세의 조인원이 일본 헌병의 발포에 우왕좌왕하는 군중을 보고 다시 한 번 외쳤다.

"대한독립 만세!"

"대한독립 만세!"

군중은 다시 돌아서 우렁찬 소리로 만세를 외쳤다. 그러자 일제 헌병이 조인원을 향하여 방아쇠를 당겼다. 총알은 조인원의 심장 옆 반치 거리를 꿰뚫고 들어갔다. 이어 총검이 왼팔을 찔렀다. 조인원은 피를 흘리며 땅바닥에 풀썩 넘어졌고 군중은 썰물처럼 흩어졌다. 헌병들이 쓰러진 조인원을 주재소 안으로 끌고 들어가 지혈을 시키고 붕대를 감았다. 중상을 입은 조인원은 진천에 있던 영국병원에서 치료를 받았으나 상처가 심해 3개월이나 치료를 받아야 했다. 그후 공주감옥에 수감되었다.

감옥에서 유관순과 함께 있었던 어윤희는 유관순으로부터 들은 이야기를 훗날 이화여고에서 다음과 같이 말했다.

"그렇게 수건을 쓰고 다니면서 선전을 해놓고 용두리 장날 작대기를 높이 들고 이 귀퉁이 저 귀퉁이에서 태극기를 들면서 만세를 부르고 소동을 일으켰대요. 그랬더니 헌병이 쫓아와서 맨 가운데로 달려가 유관순이 들고 있는 작대기를 칼로 쳐서 분질렀습니다. 그리고 창으로 앞에서 찌르라 치면 뒤로 앞으로 나갔습니다. 그 창끝에 무슨 약을 칠했는지 창에 찔린 처녀가 아무리 약을 써도 낫지 않고 항상 고름이 나서 감옥에서도 고생을 많이 했습니다. 그리고 어머니·아버지는 일본 헌병들이 유관순의 머리채를 잡고 끌고 가면서 차고 때리고 하는 그 뒤를 쫓아가면서 "만세!", "만세!" 하고 부르짖고 (소리를 내어 울면서) 헌병대 앞까지 들어갔다가 그 놈들 한 총에 맞아 죽었다고 합니다. 이것이 유관순한테 들은 이야기입니다.".

1919년 4월 2일 아우내 시위 다음날 일제 조선총독부 경무국은 천안군 병천에서 일어난 독립운동과 주민학살 사건에 대해 최초의 보고를 올렸다.

조선각지의 독립운동에 관한 건

1919년 4월 2일 고제高第9808호

극비 독립운동에 관한 건(제35보)

4월 1일 오후 1시 병천시장에서 약 3000명의 군중이 구한국기를 선두에 세우고 독립운동을 개시하여 동지 헌병주재소에 내습하여 폭행을 극렬히 하고 그치지 않아 발포 해산하였으나 다시 일어날 우려가 있어 헌병 하사 1명, 보병 장교 이하 6명이 급행하여 경계 중 오후 4시 다시 주재소에 쇄도하여 철조망을 파괴하고 구내에 난입하여 소방기구를 탈취하여 소산 헌병오장을 붙잡아 가려고 하여 격투 끝에 오장을 탈환하고, 응원대의 협력하에 발포 해산시켰으나 폭도들은 아직 부근의 산상이나 시장에 집합하여 불온한 형세를 하고 있으므로 헌병 5명, 보병 약간 명을 증파하여 현재 경계중이다. 아직 그들은 천안에서 병천으로 통하는 전선을 절단하고 전주를 1개 쓰러뜨렸으며, 면사무소와 우편소를 습격했다. 위의 진압 때 우리의 부상자 1명, 폭민에는 사망자 13명이 났고, 아직도 부상자 다수를 내고 있는 것으로 보인다.

이 보고는 일제의 양민학살 만행을 정당화하기 위해 시위군중의 행동을 과도하게 난폭하게 과장한 것에 유의할 필요가 있다. 또한 사망자를 13명으로 축소했다. 일본군 측의 대응 사실 또한 정확하지 못하다.

아우내 만세시위가 일어난 지 6개월이 지난 1919년 9월 29일 조선군사령관 우츠노미야타로宇都宮太郎가 본국의 육군대신 다나카田中義—에게 3·1운동 중의 사상자에 대한 종합적인 보고를 하였다. 이 가운데 충청남도 천안군 병천 시위운동에 관한 내용을 보면 다음과 같다.

천안군 병천은 소요 당일(4월 1일) 수일 전부터 밤마다 읍내 주위의 고지에 모닥불을 피우고 만세를 고창하고 또 여러 가지 유언비어를 퍼뜨리면서 형세가 불온하였다. 4월 1일은 장날에 해당하여 아침 이래 현저히 다수의 선인들이 들어왔으므로 시장이 심히 잡답하여 매우 불온한 형세가 되었다. 헌병 등이 크게 경계하던 중 오후 2시쯤 군집 약 3000명이 시장에서 한국 태극기를 선두로 500~600개의 한국기를 손에 들고 만세를 고창하며 크게 소요하면서 드디어 헌병 주재소로 몰려와 제지를 쉽게듣 지 않았다. 헌병이 부득이 격투를 개시하게 되었는데 중과부적이라 발포하자 일시 사산하였으나 그래도 폭동하여 위험에 임박해 있다는 보고를 접하고 곧 당시 천안 철도엄호대장이던 기네(甲) 대위 이하 6명은 자동차를 타고 동지로 급행하였다. 오후 4시쯤 동지에 도착하였을 즈음 선민은 아직도 사산하지 않고 시장 부근은 크게 잡답하고 있었고 또 폭동선민은 군집하여 주재소를 포위하고 감히 제지를 듣지 않을 뿐 아니라 폭행하여 틈만 있으면 엄습하려는 형세였다. 이에 출동한 병졸로 하여금 병기를 사용하여 적극 진압하도록 해 겨우 동소에서 사산시킬 수 있었다. 그래도 부근 고지상에는 묵묵으로 산재해 있다. 그러나 다시 군집하여 몰려올 형세는 없게 되었다. 일몰 후 천안으로부터 증원한 상등병 이하 5명을 잔류하고 헌병과 협력하여 경계에 담당하게 하고 다른 부대는 천안으로 철퇴 귀환하였다.

사모탄(파견병만) 실탄 14발

피해의 정황

헌병 주재소는 구내 1면에는 소석(작은 돌멩이)이 투입되어 있고 창유리는 파손되고 주위의 철조망 담은 전부 파괴되고 또 유치장 뒷벽은 가래(鍬)로 파괴돼 있었다.

우편소 부근에서 전화선이 절단돼 있었고 면사무소의 입구문 미닫이가 약간 파괴되었다.

부상자

선인 61명이 부상했고 그 중 18명은 부상 후 사망하다.

대부분 기네 대위 도착 전에 지방관헌이 사상자를 냈다.

이 단계에 와서야 사망자가 13~14명에서 18명으로 수정 돼 보고되고 있다. 이와 같은 축소보고는 일제 측이 당시에 정확한 사망자를 파악할 수 없었기 때문일 수도 있지만, 대부분의 경우 사건을 축소하기 위해서였다. 따라서 공식적인 인명피해 보고자료보다 더 많은 사망자나 부상자가 있다고 보아야 한다.

해가 저물고, 만세시위 장꾼들이 총기난사를 피해 흩어져 거의 해산하기에 이르자 천안에서 지원 나왔던 철도엄호대 기네 대위 병력 6명은 천안으로 돌아갔다. 그 대신 천안에서 증원된 상등병 이하 5명이 잔류하여 경계를 담당해 주자, 고야마 이하 주재소 헌병들은 이들과 협력하여 보조원과 밀정들을 앞장세워 주동인물을 색출하는 데 혈안이 되었다. 애매한 사람들이 붙잡혀갔고, 병천 헌병대분견소에서는 고문을 당해 지르는 주민들의 비명소리가 산천을 진동시켰다.

조병호는 크게 다친 아버지 조인원이 붙잡혀 가는 것을 보았다. 그리고 얼마 지나지 않아 이윽고 자신에게도 체포의 손길이 뻗쳐왔다. 박봉래·김상철과 함께 붙잡힌 조병호는 그날 밤 천안 헌병대로 끌려갔다. 거기서 이들은 주모자를 대라며 가하는 무지막지한 고문을 견디어내야 했다.

수신면 지도자 김교선은 몸을 숨기고 사태를 지켜보았다. 그는 4월 7일까지 숨어 지냈다. 그러나 김교선 한 사람을 숨겨 주기 위해 마을 사람들이 너무나 많은 피해를 보게 되자 자수했다. 그는 헌병대에 가서 말했다.

"발산리의 주모자는 나니까 다른 사람들은 놓아주라."

유관순의 피신과 체포 　　　부모가 죽고 자신도 크게 다친 유관순은 사상자가 즐비한 장터에 잠시 정신이 아득한 채로 서 있었다.

"피해라! 어서 피해!"

누군가 크게 지르는 소리를 듣고 정신을 차렸다. 장바닥에는 사상자가 즐비해 있으나 시위대는 피신하기에 바빠 그들을 수습하지 못한 채 남의 집이나 부근 산으로 몸을 피했다.

유관순은 돌아가신 부모님을 생각하면 발길이 떨어지지 않았다. 그러나 이대로 있을 수도 없었다. 집에서 가족들을 기다리고 있을 할아버지와 동생들도 생각났다. 유관순은 일단 껴입고 온 노랑 저고리와 남색 치마를 벗어버리고 흰색 저고리에 검정 치마 차림을 한 채 인가로 달아났다. 그리고 얼마 후에 동리로 돌아온 유관순은 주동자 체포를 위해 혈안이 된 수색조에 의해 체포되었다.

유관순이 얼마 만에 체포되었는지는 알기 어렵다. 다만 미국 동포신문인 『신한민보』에 실린 유관순의 체포 기사가 참고가 될 수 있을 것이

다. 『신한민보』는 1919년 9월 2일자
에 '한 이화여학의 체포'라는 제목 하에
'소녀의 양친은 원수에게 피살'이라는
부제를 달고 다음과 같이 보도했다.

서울 이화학당 학생 ○여사는 자기
의 양친이 오랑캐 왜적에게 피살을 당
하여 분기의 맘을 단단히 먹고 각지
로 돌아다니며 독립운동을 계속하다
가 왜적의 사냥개에게 발각되어 중상
함을 입고 왜적의 손에 붙들려 감옥에
피수하였더라.

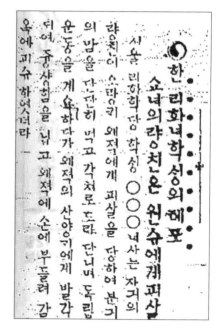

| 유관순의 체포과정을 보도한 『신한민보』 기사(1919. 9. 2)

　유관순이 붙잡힐 때 중상을 입고 있었다는 것은 어윤희 등의 증언에
서 확인된다. 이 상처가 그 후 낫지 않고 계속해서 유관순을 괴롭혀 사
망 원인 중 하나가 되었다는 점에 비추어 보면, 이 기사는 비교적 정확
한 내용을 보도하고 있다고 볼 수 있다. 여기서 유관순이 일제의 총칼에
무참히 돌아가신 부모님을 보고 더욱 독립에의 의지를 굳히고 인근 지
역으로 숨어 다니며 독립운동을 전개하다가 붙잡혀 중상을 입고 감옥에
갇히게 되었다는 사실이 주목된다.

　사촌 유예도 참살현장에서 잠시 넋을 잃고 있다가 이웃사람이 "여
기 있으면 죽는다!"고 외친 덕에 급히 몸을 피했다. 이후 한 달 반 동안

친척집을 전전하며 몸을 숨겼다. 오빠 유경석이 백방으로 노력하여 당시 청주감리교회 한태유韓泰裕 목사의 고향 홍성군 금마면 부평리로 피신시켰다. 그 해 6월 유예도는 한태유 목사의 동생인 당시 32세의 한철유韓哲裕와 비밀리에 결혼해 숨어 살다시피 하였다. 이 때문에 유예도는 사촌동생 유관순이 죽은 것을 한참 후에야 알게 되었다.

재판소… 그리고 최후

고난에 굴하지 않는 불사조

"대한독립 만세!"

"만세!"

유관순은 오랏줄로 손을 뒤로 묶여 천안 헌병분대로 끌려가면서도 사람들이 서 있는 길목을 지날 때마다 만세를 불렀다.

이때마다 헌병들의 주먹과 발길질이 날아왔다.

유관순은 길바닥에 풀썩 쓰러졌다.

공주형무소로 끌려가면서도 동리나 사람들이 서 있는 길목을 지날 때마다 만세를 불러 발길질을 당하고 온갖 고통을 받은 유관순은 공주지방법원 검사국에 송치되었다. 유관순은 거기서 이화학당 동창 김복희가 오랏줄에 묶여 잡혀 온 것을 보았다. 슬픔과 고통속에서도 반가웠다. 김복희는 아산에서 3월 31일 만세시위를 일으키고 붙잡혀 오랏줄에 묶인 채 온양 헌병대에서부터 30리(12km) 길을 걸어서 천안으로 온 뒤 다음날 공주감옥에 도착했다. 또 공주에 살던 이화학당 학생 너댓 명도 잡혀와 있었다.

미결수 생활은 괴로웠다. 쇠철창 앞에 줄을 맞춰 무릎을 꿇고 앉아 말도 못하고, 몸도 꼼짝 할 수 없는 상태로 줄곧 있어야 했다. 심문을 받으러 불려갈 때만 몸을 움직일 수 있었다. 그러나 간수가 잠깐 없을 때는 몸을 움직이거나 서로 낮은 목소리로 말을 나누곤 했다. 음식은 메주콩에다 메좁쌀을 조금 섞은 것이 나왔다.

제1심 재판은 아우내 장터 시위가 있는 지 39일 만인 5월 9일에 공주지방법원에서 열렸다. 이날 재판장은 유관순을 비롯하여 조인원(조병옥의 부친, 동면 용두리), 김상훈(수신면 복다회리), 유중무(동면 용두리), 김용이(수신면 발산리), 조병호(동면 용두리), 백정운(수신면 복다회리), 67세의 신씨(수신면 복다회리), 조만형(동면 용두리), 박만석(갈전면 병천리), 박봉래(갈전면 병천리) 등 11명에 대해 소요 및 보안법 위반을 적용하여 유죄판결을 내렸다.

이 재판에서 격렬한 법정 공방이 있었다. 조인원은 "모든 것은 내 책임 아래 진행되었다. 다른 사람은 죄가 없다"고 주장했다. 유관순이나 숙부 유중무·조인원 등도 마찬가지였다. 유관순은 이 법정에서 다음과 같이 주장했다.

"제 나라를 되찾으려고 정당한 일을 했는데 어째서 무기를 사용하여 내 민족을 죽이느냐."

법정에서 쏟아낸 이들의 주장은 정당한 것이었으나 받아들여지지 않았다.

"왜 제 나라 독립을 위해 만세를 부른 것이 죄가 되느냐"

"왜 평화적으로 아무런 무기를 갖지 않고 만세를 부르며 시가를 행진하는 사람들에게 무차별 총질을 해대어 아버지, 어머니를 비롯하여 무고한 수많은 목숨을 저리도 무참하게 빼앗을 수 있느냐."

"죄가 있다면 불법적으로 남의 나라를 빼앗은 일본에 있는 것이 아니냐?"

"입이 있어도 말을 할 수 없으며, 귀가 있어도 들을 수 없으며, 눈이 있어도 볼 수 없는 이 지옥 같은 식민지 지배에 죄가 있는 것이 아니냐."

"자유는 하늘이 내려 준 것이며, 누구도 이것을 빼앗을 순 없다. 무슨 권리로 신성한 인간의 권리를 빼앗으려 하느냐?"

17세 소녀라고 보기에는 너무나 논리정연하고 당당한 유관순의 주장에 일본 재판관들은 할 말을 잃었다. 목숨을 두려워하지 않고 올바른 주장을 하는 데는 대항할 수 없었던 것이다. 그래서 재판장은 침을 삼키며 목소리를 높여 말했다.

"피고들은 신성한 대일본제국의 법정을 모독했다!"

공주지방법원은 유관순·유중무·조인원 세 사람에게 징역 5년을 언도하였다. 만세시위의 주동자였을 뿐 아니라 재판정에서 조금도 굽힘 없이 독립의 정당성을 계속 주장하였기 때문이다. 이른바 '괘씸죄'가 붙은 것이었다. 조병호에게는 3년이 언도되었다.

수신면과 성남면의 주도자 김교선·한동규·이백하·김상철·이순구에 대한 재판은 지령리 쪽 인사들보다 이십여일 뒤인 5월 31일에 끝났다. 이들은 모두 보안법 위반, 소요죄가 적용돼 징역 2년을 선고받았고, 김상철은 징역 6월을 선고받았다.

병천에서 시위가 있은 그날 공주에서도 만세시위가 있었다. 이 시위의 주도자 중 한 사람은 영명학교에 다니던 유관순의 오빠 유우석이었다. 유우석은 일경의 칼날에 머리를 다쳤다. 함께 다친 경천소학교 교사 김현경은 자신의 고통은 아랑곳하지 않고 후배 유우석의 피를 닦아주었다. 김현경은 유우석이 공주지방법원 마당에서 여동생 관순을 만났던 때를 생생히 증언했다. 둘 다 포승에 묶여 병천과 공주의 다른 만세시위 사건의 피고인으로 법정에 들어서다가 마주친 것이다.

"관순아!"

"오빠 ……."

관순은 오빠를 이런 자리에서 보리라 생각지 못했다. 우석도 마찬가지였다.

"그래 관순아."

김현경은 관순이의 표정에서 불길한 예감이 스쳐 지나가는 것을 느꼈다.

"어찌 된 일이니?"

"엄마, 아빠가 ……."

"엄마, 아빠라니, 그게 무슨 말이야?"

"돌아가셨어."

"뭐? 돌아가셨다고?"

마른 하늘에 날벼락 같은 말이었다.

"어머님도?"

관순은 말없이 고개만 끄덕였다.

"아이고, 어머니, 아버지!"

유우석의 입에서 절망감과 탄식이 자신도 모르게 튀어나왔다.

김현경은 유우석의 눈에서 두 줄기 눈물이 볼을 타고 내리는 것을 지켜보았다.

김현경의 가슴 한 쪽이 아려왔다.

'저 어린 아이들이 천애의 고아가 된 게로구나.'

'게다가 오누이가 다 재판정에 끌려와 저렇게 못할 일을 당하고 있으니…….'

'쯧쯧. 딱해도 너무 딱한 일이 아닐 수 없어.'

밤을 새도 못다 할 것 같은 이야기들이 쌓여 있었다. 하지만 오랏줄에 묶여 재판정으로 끌려가면서 법정 마당에 스치다 만난 오누이의 기막힌 만남은 호송 간수의 고함소리에 끝나고 말았다.

"뭣들 하는게야!"

둘은 헤어져야 했다.

"오빠!"

"관순아!"

"오빠, 몸조심해!"

"관순아, 너도."

김현경은 유관순과 같은 감방에 있게 된 것을 다행으로 여겼다. 자신도 일경의 칼에 머리를 다쳐 피가 흐르고, 재판정에 나갈 때 유우석과 함께 인력거를 타야 했을 정도로 큰 부상을 당했지만, 유관순 오누이가 당한 불행에 비하면 자신의 고통은 아무렇지도 않은 것처럼 생각되었다. 그래서 유관순을 친자매같이 생각하고 돌봐 주었다. 유관순도 그녀를 친언니같이 깍듯이 대했다. 그후 김현경은 징역 4월에 집행유예 2년을 선고받고 감옥에서 나올 때까지 유관순 곁에서 힘이 되어 주었다. 공주지방재판소에서 유관순이 5년 징역을 선고받자 그녀는 말했다.

"항소해, 항소."

유관순이 공주의 초심 재판에서 받은 형량에 대해서는 7년, 6년, 3년 등 여러 가지 설이 있어 왔다. 초심 판결문이 남아 전해지지 않기 때문이다. 그러나 최근 재판소에서 공소서류를 넘기면서 사건의 일람표를 작성한 『형사사건부』가 발견되었는데, 이 자료에 유관순의 형량이 5년으로 나옴으로써 그간의 모든 논란은 종지부를 찍었다.

유관순이 경성복심법원에서 징역 3년의 형 확정을 받고 상고를 포기하고는 서대문감옥에서 수형생활을 하고 있을 때였다.

1920년 4월 28일 도하 신문에서는 왕세자 영친왕 이은과 일본 왕실의 니시모토 마사코(이방자)와의 결혼사실을 대서특필하였다. 4월 21일자 『동아일보』는 '세자가례 금일 가례를 거행하옵시는 왕세자 전하의 갸륵하신 일'이라는 제목과 부제로 영친왕과 이방자의 사진과 함께 이 사실을 크게 보도하였다. 이와 함께 일본 정부는 약 5000명의 한국 정치범에 대해 일본 내각총리대신 하라原敬를 비롯한 내각 전원의 이름으로 칙령 제120호 사면령을 발표했다. 4월 28일 이전에 다음 각호에 해당하는 죄로 형벌을 언도받은 조선인 중 형 집행 전인 자, 형 집행이 유예 중인 자, 형을 집행중이거나 집행정지 중인 자 또는 가출옥 중인 자에 대해 감형을 시행한다는 것이다.

1. 조선 형사령에 의한 형법 제74조 및 제76조

2. 조선 형사령에 의한 형법 제95조, 제106조 및 제107조의 죄 중 정치상의 목적에서 나온 죄

3. 1919년(대정 8) 제령 제7호의 죄

4. 광무 11년 법률 제2호 보안법의 죄……

위의 각호의 죄에 대하여

1. 사형은 유기징역 20년

2. 유기징역으로 금고형에 대해서는

　가. 형 집행을 시작하지 않은 자는 형기의 2분의 1을 감한다.

　나. 형 집행을 시작한 자는 그 잔여 형기를 감형한다. 단 그 집행 형기의 2분의 1이 경과하지 않은 때는 전호의 예에 의한다.

　다. 형 집행이 2분의 1에 이른 자는 전호의 예에 의한다.

| 사면령 공포를 게재한 「조선총독부 관보」

이 사면령에 따라 그날 즉시 서대문감옥에서는 약 500명이 석방되었다.

징역 3년형을 받고 서대문감옥에 수감되어 있던 유관순은 제령 제7호, 형법 제106조에 해당하는 죄목이었기 때문에 위의 2호와 3호에 해당되었다. 또한 형기는 3년 중 1년 1개월이 지난 때이므로 형 집행 2분

의 1이 경과하지 않은 상황이었다. 그러므로 이 칙령에 의해 형기의 2분 1을 감형받게 되어 있었다. 유관순의 서대문감옥 수형자 기록표에는 1919년 7월 4일이 경성복심법원의 징역 3년형 언도일자인데, 출옥 예정일자는 3년 형기의 1/2인 1년 6개월 뒤 1921년 1월 2일로 기록되어 있었다.

사면령으로 유관순이 있던 8호 감방에서 어윤희 여사도 출감하게 되었다. 유관순과는 만 1년을 함께 감옥생활을 한 어윤희는 졸지에 부모를 잃어 혼자 버려진 듯한 느낌을 절절히 느끼고 있었던 유관순에게는 엄마와 같이 큰 의지가 되었건만, 형기의 절반을 감해 주는 특사를 행하자, 그해 9월 하순 어윤희가 먼저 출옥하게 된 것이다. 옥문을 나설 때 어윤희는 유관순에게 말했다. "관순아, 네가 먹고 싶은 것 무엇이든지 다 내가 해 줄게." 그 따뜻한 말 한 마디가 유관순의 가슴에 화톳불처럼 남아 지쳐가는 가슴에 온기를 주었다.

"현경 학생, 이리 좀 오세요."

35세의 지닛 월터(A. Jeannette Walter) 학당장서리는 학생들에 대한 사랑이 깊었다. 그녀는 1910년 12월 한국에 왔다. 1911년 1월부터 수업을 맡아 영어와 체육을 담당했다. 1919년 8월 3일 학당장 프라이가 휴가로 귀국하자 1920년까지 아펜젤러 목사의 딸 미스 아펜젤러가 학당장서리를 맡았고, 아펜젤러마저 귀국하자 그의 뒤를 이어 월터가 1년 남짓 학당장서리직을 맡게 되었다. 1921년 학당장 프라이가 미국에서 사망하자 월터가 그 해 4월에 제5대 학당장에 취임했다. 월터는 체육을 가르칠 때 학생들을 운동장에 일렬로 세워놓고 일일이 학생들의 허리를 손으로 만져보고 허리끝 치마를 입은 학생들의 점수를 깎았다. 그녀는 활동의 편의를 위해 어깨치마를 고안하여 이화학당 학생들이 교복으로 입도록 했다.

"네, 월터 선생님, 무슨 일이신가요?"

"현경, 현경은 유관순 잘 알지요?

"그렇습니다, 선생님. 공주에서 함께 감옥에 있었습니다."

"잘 됐어요, 현경. 우리 함께 관순이 면회 갑시다."

"왜 무슨 일이 있나요, 선생님?"

공주에서부터 몸이 좋지 않은 것을 알고 있었던 김현경은 불안한 생각이 들었다.

"몸이 안 좋은 것 같아요. 관순의 오빠, 함께 갈 거예요. 준비하고 이리로 오세요."

"알았습니다, 선생님. 곧 나오겠습니다."

김현경은 이화학당 보육과에 다니고 있었다. 그녀는 공주 시위로 징역 4월에 집행유예 2년을 선고받고 풀려났다. 만세시위 전 그녀는 공주의 경천소학교 교사였으나 시위운동을 했다는 이유로 학교로 돌아갈 수 없게 되자 다시 공부를 위하여 이화학당 보육과 학생으로 등록했던 것이다. 김현경은 공주에서 있었던 만세시위운동 때 유우석과 함께 만세시위를 벌였고, 공주감옥에서 재판을 받는 동안 유관순과도 함께 있었다.

유우석과 월터 학당장서리, 김현경이 서대문감옥 병감 면회실에서 유관순을 보았을 때 유관순은 병색이 완연했다. 얼굴은 퉁퉁 붓고, 전신은 퍼렇게 멍이 들어 있었다. 걸음도 잘 못 걷는 유관순이 비척비척 일행에게로 다가오자 유우석과 월터 선생이 동시에 철창 사이로 관순의 손을 잡았다. 손도 부어서 맞잡은 손의 자국이 그대로 눌린 채로 있고 다시 제 모습으로 돌아오지 않았다. 손가락으로 눌러 만져보니 살이 썩어서 손에 피가 묻어 나왔다.

"오빠, 나 아파."

"도대체 어떻게 된 거니, 관순아."

"온 몸에 성한 데가 없으니 도대체 어떻게 된 거니?"

일행은 이구동성으로 걱정하며 물었으나 관순에게서 설명을 들을 수가 없었다. 감시하는 간수가 지키고 있었기 때문이다.

유우석은 동생이 왜 그런지 짐작하고도 남았다. 결코 굽히고 타협할 아이가 아니기 때문에 엄청난 고통을 겪었으리라는 것을 말하지 않아도 알 수 있었다. 가슴으로 뜨거운 눈물이 뭉클하고 솟아올랐지만 짐짓 외면하며 그런 모습을 보이지 않으려고 했다. 유우석이 잠시 말을 잃은 사이에 김현경이 말했다.

"선생님, 안되겠어요. 입원시킬 수 있도록 이야기해야 겠어요."

"그러게 말이에요. 형무소 당국자를 만나고 갑시다. 저러다가 죽겠어요."

관순이 다시 비척거리는 걸음으로 철문 안으로 사라지자, 월터 선생과 일행은 간수를 붙들고 말했다.

"도대체, 저 아이가 저런 모양이 되었는데도 계속 감옥에 가두어 두는 겁니까?"

"어서 병원에 입원시킬 수 있도록 가출옥시켜 주세요."

"그래요, 당장 입원해야 해요."

그러나 간수는 이들의 요구를 거부했다.

"안돼요. 저 죄수는 중죄인이어서 그렇게 할 수 없소."

"아니, 살을 만지면 피가 묻어날 정도로 살이 썩어 가고 있는데 입원을 안시킨다는 말입니까?"

"안된다니까요. 저 죄수는 매번 말썽을 부리는지라 그런 자비를 받을 수 없소. 온 감옥 내 소동을 선동하고 있소."

"저 아기, 죽어가고 있어요. 당신들 책임져야 해요."

"어떻든 안돼요."

간수는 단호했다.

월터 선생은 입에서 떨어지지 않는 부탁을 하고 나오는 수밖에 없었다.

"죽으면…… 우리에게 연락…… 주세요."

유우석은 잠시 쇠창살 사이로 하늘을 물끄러미 올려다보았다.

고통 속에서 숨지다 | 이화학당 기숙사 한 방 친구였던 이정수는 1920년 가을 어느 날 학교에서 유관순이 감형되어 나온다는 소식을 들었다. 그녀는 친구들과 함께 유관순이 나오게 되었다고 좋아했다. 이화학당 교직원과 학생들 중에서 유관순이 가장 오래 복역했을 터였다. 친구들이 출옥하는 유관순을 위해

한 푼씩 돈을 모아 새 옷을 맞추고 머리핀과 구두를 사서 환영회를 준비했다. 그러던 어느 날 이정수가 교정을 거닐고 있는데 대문을 박차며 문을 열라는 소리가 들렸다.

"문 여시오!"

이화학당에서 항상 손때가 까맣게 묻은 무명 은행가방의 멜빵을 어깨에 둘러메고인 외국 선교사들의 은행 업무를 담당해 왔던 이서방이 문을 여니까 썩은 냄새가 진동하는 들것을 사람들이 들고 들어왔다. 이정수와 다른 학생들이 우르르 달려가 보니 거기에 붉은 수의를 입고 시신이 되어 돌아온 유관순이 있었다. 얼마 안 있으면 나올 줄로 알고 옷과 머리핀을 준비했던 친구들은 놀라고 슬퍼 울음을 터뜨렸다. 여기저기서 울음이 터져 교정은 울음바다가 되었다.

며칠 전 새벽 서대문감옥에서 함께 옥살이를 하던 이신애는 꿈에 유관순이 나타나 "언니, 나는 가요" 하는 바람에 놀라서 잠을 깼다. 예감이 이상했다. 얼마 후 감방문 열리는 소리가 났고, 유관순은 다시 돌아오지 못했다. 그는 마음속으로 빌었다.

"유관순이여, 부디 잘 가시오".

유관순은 고통 속에서 기름이 다 된 호롱불이 꺼지듯 그렇게 붉은 벽돌담 안에서 생명이 꺼져갔다. 비록 꽃처럼 떨어져 누운 그녀를 위해 울어줄 사람 하나 없었으나, 유관순은 이 땅의 자유와 독립을 위해 불꽃처럼 살았다. 정복당하지 않는 정신으로 영원히 지워지지 않는 자유혼의 발자국을 남겼으며, 감옥의 굴레를 벗어나 결코 구속할 수 없는 하늘나라로 감으로써 자유와 독립의 영원한 빛이 되었다.

'대정 9년(1920년) 9월 28일 오전 8시 20분 경기도 경성부 서대문감옥에서 사망.' 이것이 유우석이 호주로 되어 있는 호적에 나와 있는 것으로 유관순 사망에 관해 확인할 수 있는 유일한 공식기록이다. 그 이상의 사실은 찾을 수 없다. 사망 기록도 그동안 잘 알려지지 않아 사망일이 잘못 알려져 왔다.

그녀의 집안이 풍비박산된 까닭에 사망통보를 전달 받을 사람이 없었을 것이다. 부모가 시위현장에서 참혹하게 죽임을 당한 데다가 할아버지 유윤기도 두 달 후인 6월에 사망했다. 유관순의 수형자 기록표에는 사촌오빠 유경석이 보호자로 되어 있었으나 유경석은 동생 유예도를 보호하려고 데리고 이리저리 피신해 다니다가 겨우 홍성의 한태유 목사에게 동생을 맡겨놓고는 일본으로 피신해 10년간 숨어 살았다. 그래서 9월 28일 사망한 유관순의 시신을 10월 12일에야 이화학당에서 인수하게 되었다. 방광 파열로 몸이 썩어간 데다 이렇게 시일이 경과되면서 시신 부패가 더 심해진 것이 아니었던가 생각된다.

이정수는 회상했다.

"학교에서 일하는 사람 방에 시신을 안치하고 세브란스의 학교 의사를 불러 옷을 칼로 찢어 벗기고 소독을 했다. 썩은 냄새가 진동을 했다. 얼마나 발길로 찼는지 방광이 부서졌다고 했다. 친구들은 밤새 운동장에서 울며 잠도 자지 못했다."

유관순의 작은 할아버지뻘인 유빈기는 3·1운동에 참여한 후 집행유예 3년을 받고 풀려나왔다. 그러나 3·1운동 후 일본 경찰의 감시와 간섭이 심하였다. 1920년 유빈기는 서점을 운영하던 공주에 가족을 남겨

두고 서울 황토마루(현 세종로)에 전방 한 칸을 마련하여 아들 유중영과 함께 자취를 하며 서울에서 서점을 시작하였다.

10월 어느 날 이화학당에서 유빈기에게 뜻밖의 연락이 왔다. 서대문 형무소에 복역 중이던 유관순이 죽었고 그 시신이 이화학당에 와 있다는 것이었다. 시신을 거둘 친척들을 찾다가 유빈기를 겨우 찾은 것이었다. 부모는 죽고, 오빠와 숙부는 복역 중이었으며, 동생들은 어려 공주 영명학교 교감 댁에서 보호 중이었기 때문에 유관순의 시신을 거둘 가까운 친척이 없었다.

쓸쓸한 장례식　　　　　유빈기와 아들 유중영이 서둘러 이화학당으로 가 보니 길가 행랑채 같은 곳간에 싸지도 않은 관이 먼지투성이인 채로 땅바닥에 놓여 있었다. 유빈기 부자는 그날 밤을 관 옆에서 지샜다. 오빠 우석도 연락을 받고 왔다. 우석이 보기에 유관순은 오히려 평화로운 얼굴로 잠들어 있었다. 부조리한 식민지하의 세상을 견디다 못해 먼저 간 동생이 오히려 그곳에서 비로소 맘 편히 쉬나 보다 생각했다. 김현경은 무명천을 떠서 밤을 새워 수의를 지었다. 수의는 눈물로 얼룩졌다.

학교에서 유관순에 대한 의논이 있었다. 학교는 유관순이 진정한 '영웅'이라는 평가를 내렸다. 그래서 비단 옷감을 떠서 다시 수의를 만들어 바꾸어 입혔다. 서명학 등은 비밀리에 태극기를 만들어 그녀의 가슴위에 덮고 입관하였다.

10월 14일 가족 이외에는 같은 반 학생 대표 몇 명만 유관순의 장례식이 열리는 정동예배당에 들어갈 수 있다는 허락을 받았다. 형사가 명단을 들고 일일이 대조하며 참석을 제한하는 바람에 몇 년간 기숙사 같은 방 친구였던 이정수도 같은 반이 아니어서 장례식에 참석하지 못했다.

장례식은 정동교회 김종우 목사의 주례로 진행되었다. 영웅의 귀환인데도 개선곡은 없었다. 휑하니 썰렁한 강단 앞에

| 김종우 목사

꽃 몇 송이로 장식한 관이 놓이고, 김종우 목사가 장례식을 집전하는 동안 이따금 훌쩍거림이 사이사이에 반주처럼 끼어들 뿐이었다.

유관순의 유해는 수레에 실렸다. 요령을 두어 번 울리자 수레는 천천히 덜커덕거리며 정동교회 마당을 벗어나 덕수궁 돌담길을 따라 움직였다. 월터 학당장서리와 학생을 대표하여 김활란 선생이 인력거를 타고 뒤따랐다. 수레가 이태원 공동묘지에 도착하자 유우석과 배재학당의 몇 친구들이 운구하였다. 관을 안치할 구덩이를 판 다음 김종우 목사의 인도로 박노철 선생과 유우석의 친구 2~3명이 유관순을 고이 묻어 주었다. 비석도, 무덤 표지도 없이 이태원 공동묘지에 그렇게 묻혔다.

그리고 얼마나 지났을까. 이태원 공동묘지는 일제하에서 도시개발로 없어지게 되었다. 묘지 이장최고공고를 신문에 게재했을 것이나 연고자들은 모두 삶에 쫓겨 아무도 그것을 알지 못했다. 그래서 진정한 영웅의

무덤은 파헤쳐져 다시 찾을 길이 없게 되었다. 그때부터 유관순은 오직 우리 가슴속에만 있게 되었다, 자유의 혼으로.

서대문감옥에서 유관순의 시신을 인도받았을 때 유관순의 시신이 여섯 토막으로 절단되어 있었다는 말들이 많이 있었다. 해방 후 제작된 영화나 많은 유관순 전기에서도 그렇게 그렸다. 이에 대해 그녀의 시신을 인수하여 직접 장례를 치른 이화학당의 학당장서리 미스 월터는 유관순의 죽음과 감옥소 안에서 사지가 절단되는 처형을 당했다고 하는 설에 대해 다음과 같이 부정했다.

"아주 오랜 뒤 한국이 자유를 되찾았을 때 그녀에 관한 영화가 만들어져 전국에서 상영되었다. 그 영화에는 나도 주요 인물로 등장했는데 내가 한국에 있지 않을 때여서 선교사 에마 윌슨이 내 역할을 맡았다. 어떻든 1959년 내가 한국에 다시 갔을 때 나온 사람들에게 인터뷰를 요청받았는데, 그때 나는 그녀의 시신이 절단되지 않았다는 점을 분명히 인식시켰다. 나는 그녀의 온전한 몸에다 수의를 입힌 것이다."

유관순의 집안은 풍비박산이 되었다. 아우내 만세시위가 일어났을 때 할아버지 유윤기가 살아 있었다. 집안에 갑작스럽게 엄청난 불행이 밀어닥쳤다. 아우내 장터에서 아들 내외의 시신을 수습하여 장례를 치른 것도 할아버지였다. 큰아들 내외가 죽고 둘째아들 중무, 손자 우석, 손녀 관순이 감옥에 갇혔다. 어린 손자 관석과 인석은 부모 없는 고아가 되어 어느 집에 붙여야 할지 모르게 되었다. 당장 닥쳐온 농사철도 난감했을 것이다. 두 달 보름 뒤, 둘째 아들 중무와 손녀 관순이 서울복심법원 항소심 재판을 받기 위해 서대문감옥에 갇혀 있던 그 해 6월 16일 할

| 유관순기념관

| 유관순열사 동상

| 유관순추모각 전경

아버지 유윤기마저 숨졌다는 것은 저간의 사정을 단적으로 말해준다.

　3·1운동으로 이 집안 사람들은 요주의 감시대상이 되었다. 집안이 지리멸렬할 지경에 이르렀다. 이런 역경 속의 집안에서 조화벽이라는 처녀 교사가 유관순이 감옥 속에서 그렇게 걱정했던 두 동생을 돌보아 주었다. 그러다가 유우석과 결혼했다. 유중권과 유중무 형제 집안에서 삼대에 걸쳐 독립유공자가 아홉이나 나왔다. 그들은 다음과 같다.

아버지	유중권(애족장)
어머니	이소제(애족장)
숙부	유중무(애족장)
오빠	유우석(애족장)
본인	유관순(독립장)
사촌언니	유예도(애족장)
올케	조화벽(애족장)
조카	유제경(애족장)
이종사촌조카	한필동(애족장)

독립운동가 유관순의 삶과 자취

1902년   11월 17일(음, 양 12. 16) 충청남도 목천군 이동면 지령리에서 아버지 유중권과 어머니 이소제 사이에 3남 2녀 중 둘째딸로 태어났다.

이 해 12월 2일부터 10일간 광무황제 재위 40년 기념행사가 열리고 서울 광화문 네거리에 기념비전이 건립되었다. 스웨어러 선교사는 목천지역에서 교회의 사업이 이미 시작되었다고 보고했다.

1904년   2월 8일 러시아와 일본 사이에 전쟁이 발발했다. 러일전쟁은 불안한 사람들이 안전을 구하기 위해 기독교로 많이 개종하는 계기가 되었다.

8월 22일 제1차 한일협약을 체결해 일제는 한국 정부에 일본인 또는 일본이 추천하는 사람을 외교·재정고문으로 두게 하였다. 궁내부·경무청·학부·법부·군부·농상공부 등에도 고문이나 보좌관·교관이라는 명목으로 일본인들을 두게 하였다.

12월 7일 유관순의 바로 아래 남동생인 유인석柳仁錫이 태어났다.

1905년   11월 17일 이른바 '을사 5조약'이 늑결되었다.

유관순은 이 시기부터 5~6세까지 탑원리에서 살았다는 증언이 있다.

1906년   지령리의 조병옥이 영명소학교 4학년에 편입하였다.

2월 목천군 청년회에서는 민영환과 조병세 두 충정공에 대한 분향소를 설치하고, 이분들과 같이 순국한 분들을 위하여 군내 복구정(福龜亭)에 사당을 만들었다.

1907년 7월 19일 광무황제는 일본의 압력에 의해 칙령을 발표하고 퇴위하였다.

2~12월 국채보상운동이 전국에서 일어났다.

8월 1일 오전 9시 대한제국 군대가 해산되었다. 이 해산명령에 불복한 의열장병들이 시가전을 벌이며 저항하고, 의병운동의 대열에도 합류하였다.

8월 '충남 목천 이동면 대지령 야소교당'의 이름으로 82명의 교인과 동리민이 국채보상운동에 참여하였다. 조인원, 유중무와 3·1운동의 주역들이 이 운동에 참여하였다.

9월 3일 아침 조치원 북쪽의 소정리 정거장이 의병부대의 공격을 받아 불탔다. 하반기부터 의병운동이 병천 주변에서 격화되었다.

가을(10월말쯤) 목천교회가 일본 군인들의 방화로 불타버린 사건이 일어났다. 목천 사자골에서는 교인이 일본군의 총살형을 받고도 구사일생으로 한 사람이 살아나왔다.

1908년 9월 27일 서울에서 개최된 본회의 특별총회에서 목천군 기호흥학회가 출발했다. 목천지회장 심형택을 비롯해 74명을 회원으로 조직되었다.

목천군에서는 이 시기에 보명학교·수신학교·녹동학교·진명학교·장명학교·명진학교·병진학교와 그 후신 홍호학교 등 여러 학교가 설립되고 매우 활발하게 교육운동이 진행되었다. 지령리 유관순의 동리에서는 지령리 예수교회가 '명진(진명)학교'를 설립하였다.

1909년	6월 12일 충북 진천의 다섯 개 학교와 병천학교가 연합운동회를 열었다.
1910년	이복언니 이계출이 시집가다. 사촌 유경석은 공주 영명학교 보통과에, 조병옥은 평양 숭실학교에 입학하였다.
	8월 10일 전후 일본에 집중호우가 쏟아졌다. 하늘도 일본의 대한제국 강점을 말리려는 듯 곳곳에서 산이 무너지고, 제방들이 터져 강물이 범람하며, 철도와 도로가 불통되어 연락이 두절되는 곳이 속출하였다. 도쿄 한복판까지 배가 떠다녔다.
	8월 29일 일본이 대한제국을 강제 병합하였다.
1911년	1월 10일 막내 남동생 유관석柳冠錫이 태어났다.
1912년	오빠 유우석이 진주 유柳씨와 결혼하였다.
	사촌 유경석이 공주 영명학교 고등과에 진학하고, 조병옥이 배재전문학교에 입학하였다.
1913년	5월 27일 유우석의 어린 신부 유씨가 사망하였다.
1914년	3. 1 지방행정구역이 개편되어 목천군과 직산군이 천안군에 통합되고, 면리에 큰 변화가 있었다.
	조병옥이 미국 유학을 떠났다.
	제1차 세계대전이 발발하였다.
1915년	유관순이 이화학당 보통과 2학년으로 편입하였다.
	서울 정동교회에 손정도 목사가 부임하여 교인들에게 민족혼을 불어넣기 시작하였다.
1916년	오빠 유우석이 공주 영명학교에 입학하였다.
	4월 3일 사촌 유경석이 영명학교 출신의 노마리아와 결혼하

였다.

안창호 목사가 천안 읍내에 셋집을 구해서 전도를 시작하였다.

1917년 유경석과 노마리아 사이에 조카 유제경이 출생하였다. 유관순은 조카를 위해 뜨개질로 모자를 만들어 선물하였다.

1918년 3월 18일 유관순이 이화학당 보통과를 졸업하였다.

4월 1일 유관순이 이화여자고등보통학교 1학년에 진학하였다.

6월 감리교 연회에서 정동교회 담임목사로 이필주 목사를 파송하였다

8월에 미가 폭등으로 8월 28일 종로소학교 운동장에 설치된 경성구제회 미염매소의 판매소에서 민중 소요가 일어났다.

10월부터 스페인독감이 유행하기 시작하였다. 서울·인천·대구·평양·원산·개성 등지의 시가지에 독감이 만연하여 관공서의 업무가 마비된 곳도 있었다. 각 학교는 휴교하고 회사들은 업무에 차질을 겪었다. 이 감기로 인해 국내의 일본인 중 15만 9916명의 환자가 발생해 1297명이 사망하였다. 그러나 한국인은 당시 전체 인구의 3명 중 한 명꼴인 742만 2113명의 환자가 발생해 13만 9128명이 사망하였다.

11월 11일 4년간의 제1차 세계대전이 끝났다.

1919년 1월 이화학당 사감 하란사 선생이 북경에서 사망하였다.

1월 21일 광무황제가 갑자기 서거하였다(공식 발표는 하루 늦추어 1월 22일 발표).

2월 8일 일본 동경 유학생 400여 명이 조선기독교청년회관에 모여 독립선언을 하였다(2·8독립선언).

3월 1일 3·1운동이 발발하였다. 유관순은 학교 담을 넘어 서울 시위운동에 참여하고 학교로 돌아왔다.

3월 3일 광무황제 국장례가 거행되었다. 이날은 시위가 자제되었다.

3월 5일 서울에서 학생단 시위운동이 일어났다. 유관순은 이화학당 친구들과 함께 이 시위운동에 참여하여 경무총감부에 붙잡혔다 풀려났다.

3월 10일 각급 학교에 휴교령이 내려졌다. 이날 여학생들은 미국 대통령 우드로 윌슨과 만국평화회의에 참석하는 각국 지도자들에게 보내는 탄원서를 보냈다.

3월 13일 서울에서 기차를 타고 고향 천안으로 왔다. 유예도는 이때 학교 선배그룹으로부터 독립운동 자금 모금의 밀명을 받았다. 기차 안에서 유관순은 "기차소리가 내 귀에는 '대한독립', '대한독립'이라고 들린다"고 하였다.

3월 14일 오후 4시 목천보통학교 학생 120명이 교정에서 시위운동을 하였다.

3월 14~31일 유관순은 아우내 장터 만세시위운동을 준비하였다. 머리에 수건을 쓰고 각 부락을 다니며 시위운동 참여를 권유하였다.

3월 31 유관순이 매봉산에 봉화를 올렸다.

4월 1일 아우내 만세시위가 발발하고, 유관순은 선두에 서서 아버지 유중권, 삼촌 유중무, 이웃 어른 조인원과 시위를 이끌었다. 하지만 양친이 시위현장에서 죽임을 당하였다. 오빠 유우석은 공주에서 시위운동에 참여하다 부상을 입고 붙잡혔다.

5월 9일 유관순이 공주지방법원에서 5년형을 받았다.

6월 16일 할아버지 유윤기가 사망하였다.

이후 경성복심법원에 항소하여 서대문감옥에 이감되었다.

6월 30일 유관이 경성복심법원 재판에서 3년형을 언도받았다.

8월 29일 유우석이 공주지방법원에서 징역 6월에 집행유예 2년을 선고 받았다.

9월 11일 유관순을 제외한 병천지역 시위 참여자들의 상고가 고등법원에서 기각되었다. 유관순은 고등법원 상고를 포기하였다.

11월 6~11일 정동 제일교회에서 열린 기독교 미감리회 조선 연회에서 천안지역 3·1운동 피해보고와 함께 수감 교역자에게 20원, 기타 수감자에게 5원의 구제금을 지급하기로 하였다.

1920년 3월 1일 오후 2시, 유관순이 서대문감옥에서 옥중 만세시위를 주도하였다. 이로 말미암아 받은 고문으로 방광이 터져 결국 몇 개월 뒤 죽음에 이르게 되었다.

4월 28일 영친왕과 이방자 여사 결혼기념 특사령으로 형기가 절반인 1년 6월로 단축되었다.

9월 28일 오전 8시 20분 서울 서대문감옥에서 순국했다.

10월 12일 이화학당에서 유관순의 시신을 인수하여 수의를 만들어 입혔다.

10월 14일 정동교회에서 김종우 목사 주례로 유관순의 장례식이 거행되었고, 시신은 이태원 공동묘지에 안장되었다.

1925년 4월 14일 유우석과 조화벽이 결혼하였다.

1932년 12월 18일 지령리교회가 폐쇄되었다.

1947년	8월 유관순기념사업회가 발기되었다.
	영화 「유관순」이 제작·상영되었다. 이구영이 시나리오를 쓰고, 윤봉춘이 감독하였다.
1962년	대한민국정부에서 건국훈장 독립장을 수여하였다.
1967년	지령리에 유관순 기념교회가 건립되었다.
1972년	병천 매봉산 기슭에 유관순 추모각, 매봉산에 봉화탑을 세웠다. 서울 태평로에는 유관순 동상을 세웠다. 동상은 후에 장춘단공원으로 옮겨졌다.
1974년	이화여자고등학교 내에 유관순기념관이 세워졌다.
1988년	충청남도 천안의 독립기념관 경내에 유관순 어록비가 세워졌다.
2003년	4월 1일 천안시 병천 아우내에 유관순열사 기념관이 개관되었다.

참고문헌

- 『대한매일신보』, 『황성신문』, 『동아일보』, 『조선일보』, 『매일신보』, 『동경조일신문』, 『시사신보』, 『한국일보』.
- 『기호흥학회월보』, 『종고성공회월보』, 『개벽』.
- 강덕상, 『현대사자료』 25~26, 1967.
- 경상북도경찰부, 『고등경찰요사』, 1934.
- 국사편찬위원회, 『한민족독립운동사자료집』 7~28, 1988~1996.
- 국회도서관, 『한국민족운동사료(3·1운동편 1~3)』, 1977.
- 김정명, 『조선독립운동』 I, 원서방, 1967.
- 독립운동사편찬위원회, 『독립운동사자료집』 2~5, 1973.
- 박은식, 『한국독립운동지혈사』, 유신사, 1920.
- 기독교대한감리회백주년기념사업, 『조선감리회연회록』, 1912~1921.
- 김복희, 『우리 어머니 – 김복희 장로의 일생』, 우일문화사, 1980.
- 김삼웅, 『서대문형무소 근현대사 – 일제시대 편』, 나남출판, 2000.
- 김진봉, 『3·1운동사연구』, 국학자료원, 2000.
- 김폴린, 『주님이 함께 한 90년』, 보이스사, 1989.
- 김활란, 『그 빛 속의 작은 생명 – 우월 김활란 자서전』, 이화여대출판부, 1965.
- 독립운동사편찬위원회, 『독립운동사 – 3·1운동편』, 1971.
- 동아일보사, 『3·1운동 50주년기념논문집』, 1969.
- 민병달·이원표, 『천안독립운동사』, 천안문화원, 1995.
- 신용하, 『한국항일독립운동사연구』, 경인문화사, 2006.
- 신용하, 『3·1운동과 독립운동의 사회사』, 서울대출판부, 2001.
- 애국동지원호회, 『한국독립운동사』, 1957.

- 이덕주, 『신석구 연구』, 대한감리교홍보출판국, 2000.
- 이병헌 편저, 『3·1운동비사』, 시사시보사출판국, 1959.
- 이용락 편, 『3·1운동 실록』, 1994.
- 이장낙, 『우리의 벗 스코필드』, 정음사, 1962.
- 이정은, 『3·1독립운동의 지방시위에 관한 연구』, 국학자료원, 2009.
- 이정은, 『유관순−불꽃같은 삶, 영원한 빛』, 독립기념관, 2004.
- 이화백년사출판위원회, 『이화백년사』, 이화여대출판부, 1994.
- 이화백년사출판위원회, 『이화백년사』, 이화여자고등학교, 1987.
- 조병옥, 『나의 회고록』, 1959.
- 조선사료편찬회, 『만세소요사건(3·1운동편)』, 1964.
- 천안향토사연구소, 『천안관련 근현대사자료』, 2002.
- 최은희, 『여성을 넘어 아낙의 너울을 벗고』, 문이재, 2003.
- 추영수, 『구원의 횃불』, 중앙여자중고등학교, 1971.
- 한국독립운동사연구소, 『한국독립운동사사전(사건·단체편)』 3~7, 2004.
- 한국역사연구회·역사문제연구소, 『3·1민족해방운동연구』, 청년사, 1989.
- 강덕상, 『朝鮮獨立運動の群像 : 啓蒙運動から三·一運動へ』, 靑木書店, 1984.
- 김교선, 「유관순양과 병천장날」, 『신동아』 3월호, 동아일보사, 1969.
- 김진봉, 「호서지방 3·1운동」, 『유관순연구』 1, 천안대 유관순연구소, 2002.
- 김형목, 「충남지방 국채보상운동의 전개양상과 성격」, 『한국독립운동사연구』 35, 한국독립운동사연구소, 2010.
- 김형목, 「한말 천안지역 근대교육운동의 성격」, 『한국독립운동사연구』 30, 한국독립운동사연구소, 2008.
- 박충순, 「유관순과 3·1운동」, 『유관순연구』 1, 천안대 유관순연구소, 2002.
- 이일주, 「초기 영명학교 고찰」, 『웅진문화』 16, 공주향토문화연구회, 2003.
- 이정은, 「『매일신보』에 나타난 3·1운동 직전의 사회상황」, 『한국독립운동사연구』 4, 한국독립운동사연구소, 1990.
- 이정은, 「3·1운동의 지방 확산 배경과 성격」, 『한국독립운동사연구』 5, 한국독립운동사연구소, 1991.

- 이화여자고등학교, 「박영화 증언」, 『거울』, 1956.
- 이희승, 「내가 겪은 3·1운동」, 『3·1운동 50주년기념논문집』, 동아일보사, 1969.
- 정상우, 「3·1운동의 표상 '유관순'의 발굴」, 『역사와 현실』 74, 한국역사연구회, 2009.
- 정석해, 「남대문 역두의 독립만세」, 『신동아』 3월호, 동아일보사, 1969.
- 조동걸, 「3·1운동의 민중사적 의의」, 『신동아』 3월호, 동아일보사, 1985.
- 홍석창, 「유관순열사의 가계 교육 그리고 운동의 배경과 특징」, 『3·1여성』 17, 3·1여성동지회, 2006.

3·1운동의 얼 유관순

1판 1쇄 발행 2010년 11월 20일
1판 2쇄 발행 2018년 11월 2일

글쓴이   이정은
기 획   독립기념관 한국독립운동사연구소
펴낸곳   역사공간
         주소: 04000 서울특별시 마포구 동교로 19길 52-7 PS빌딩 401호
         전화: 02-725-8806
         팩스: 02-725-8801
         E-mail: jhs8807@hanmail.net
         등록: 2003년 7월 22일 제6-510호

ISBN 979-11-5707-169-2 03900